이슬람 전쟁사

차례
Contents

들어가며

"저녁에는 성 소피아 성당에서 마지막의 처연한 미사가 행해졌다……. 황제와 성직자, 그리고 그리스인·라틴인 모두가 이미 패전과 패전 후에 닥쳐올 사태를 각오하고 있었던 것이다."

"무슬림 중기병들과 샤를마뉴 대제의 밀집방진 보병들은 생사를 건 싸움에 돌입했다. 예상할 수 있는 일이지만 아랍-무어 기병은 프랑크 전사 외에 또 다른 적과도 싸워야 했다. 바로 중기병의 기동력을 방해한 나무숲이었다."

"반격에 나선 오스만 제국의 울룩 알리가 도리아 휘하 함 대의 측면을 위협하면서 대해로 유인했다. 도리아는 오스만 의 전함이 빠르게 접근해 오자 그들의 측면이 공격당하는 것을 피하기 위해 휘하 전선의 선수를 남쪽으로 돌렸다."

　이상은 콘스탄티노플·공방전·투르 전투·레판토 해전의 일부 장면을 묘사한 것이다.

　이 책은 독자들이 이슬람 세계의 종교는 물론, 그들의 역사와 문화를 이해하는 데 조금이나마 도움이 되기 위해 이슬람 세계가 수행한 대규모 전쟁들의 일부를 다룬다. 그중에는 콘스탄티노플 함락이나 하틴 전투처럼 이슬람 세계가 승리한 전쟁도 있지만, 투르 전투나 레판토 해전처럼 패배한 전쟁도 있다.

　사실 이슬람 세계에서 전쟁은 종교를 전파하거나 늘어가는 인구 문제를 해결하고, 이교도나 적대 세력으로부터 종교를 지키기 위한 불가피한 수단이자 선택이었다. 그래서 초기에는 생존을 위해서, 아라비아 반도를 장악한 다음엔 이슬람교를 널리 퍼뜨리고 영역을 넓히기 위해서 이슬람 세계는 예언자 무함마드의 등장 이래 크고 작은 전쟁을 줄곧 수행해왔다.

이 책은 위에서 언급한 전쟁들과 무함마드의 등장 이후 구사된 전략과 전술의 특징을 간략히 서술했다. 또한 독자의 이해를 돕기 위해 앞부분에 무함마드 이후 아랍-이슬람 세계, 초기의 십자군전쟁, 그리고 튀르크-이슬람 세계의 역사를 간단히 소개했다.

아울러 '일러두기'를 별도로 두지 않는 대신 여기에 몇 가지 사항을 지적해두고자 한다. '아랍-이슬람' 혹은 '튀르크-무슬림'처럼 다소 생소한 용어는 주석으로 설명을 덧붙였다.

이슬람 세계의 인명이나 지명은 매체나 상황에 따라 조금씩 다르게 표기되기도 한다. '우마야드'로 표기된 용어가 '옴미아드'나 '우마이야드' 등으로 다르게 표기되기도 하는 것처럼 말이다. 또한 이 책에 나오는 인명 속 연도는 재위기간을 뜻한다. 생몰연대 또는 여타의 기간을 뜻할 경우에는 괄호 안에 따로 표기를 해두었음을 밝힌다.

이슬람 세계의 성공과 좌절

아랍인·셀주크 튀르크 족·튀르크 족이 지배한 각각의 이슬람 세계는 대체로 7세기 중엽부터 11세기까지, 11세기 말에서 13세기 말(십자군전쟁 시기)까지, 그리고 14세기 중엽부터 17~18세기에 이르기까지 지중해와 남중부 유럽의 기독교 세계를 지속적으로 공격했다. 아랍-이슬람[1]은 수도 콘스탄티노플(비잔티움) 함락을 기도하는 등 줄곧 비잔틴 제국을 공격했고, 북아프리카와 이베리아 반도를 거쳐 서남부 프랑스에까지 진격했다. 아랍-이슬람 세력이 쇠퇴한 뒤에는 튀르크-이슬람[2]이 다시 지중해를 장악한 후 동남부 유럽을 석권한 데 이어 중부 유럽을 손에 넣기 위해 빈을 공격했다. 아랍-이슬람과 튀르크-이슬람이 유럽 기독교 세계와 치른 전쟁의 역사를 이해하기 위해서는 예언자 무함마드(Muhammad) 이래 아랍-이슬람 세계의 종교와 영토 양면에 걸친 비약적인 팽창 또는 발전의 역사, 그리고 튀르크-이슬람이 겪은 성공과 좌절의 역사를 살펴보아야 한다. 그러기 위해 우선 아랍-이슬람·셀주크 튀르크-이슬람·튀르크-이슬람의 성장사를 간략하게 알아보도록 하자.

무함마드의 등장과 이슬람 세계의 변화

어릴 때 부모를 잃고 조부와 백부 밑에서 자란 무함마드는 대상(隊商, caravan)의 낙타몰이꾼으로 일하며 성장했다. 주로 시리아 일대를 왕래하던 그는 25세가 되던 해에 대상의 주인이자 40세의 미망인이던 하디자(Khadijah)와 결혼했다.

부유한 아내의 후원을 받은 그는 결혼 후 메카 부근의 한 동굴에 들어가 명상하고 수도했다. 결혼 15년 후에, 그러니까 40세에 이르러 "알라의 뜻에 따르라"는 계시를 받은 무함마드는 '이슬람(islam: '복종'을 의미하는 단어이며, 무슬림은 '복종하는 사람'을 의미한다)'을 외치며 알라의 진리를 설파했다. 정치적 분열·미신·가난·격심한 빈부 차이 등에 시달리던 아랍 사회에 알라의 계시를 전파하기 시작했던 것이다.

무함마드는 천국의 진리를 설파하는 동시에 우상 숭배와 같은 전통 신앙은 물론, 사회적 부조리와 폐단까지 가차 없이 공격했다. 당연한 결과이지만 메카의 기득권을 가진 세력들은 주저 않고 그를 핍박했다. 결국 그를 보살펴주던 백부(伯父)도 그의 곁을 떠나고, 40여 명에 불과하던 추종자들 또한 에티오피아로 가버렸다. 무함마드는 마법사·점쟁이·불한당의 취급을 당하며 경멸받았다.

최초의 무슬림이자 최대의 후원자였던 아내 하디자마저 아사(餓死, 619년 또는 620년으로 추정된다)할 만큼 궁핍하고 무력했던 그에게 구원의 손길을 내민 것은 다름 아닌 메디나 사람들이었다.

당시의 메디나는 아랍인과 유대인 사이의 해묵은 대립뿐만 아니라 아랍 부족들 사이의 끊임없는 유혈 충돌로 인해 편안한 날이 없었다. 결국 아랍인 12부족 대표들은 외부의 힘을 빌려서라도 사태를 해결하려 했다. 그리하여 메디나의 유력자들이 메디나로 와서 파당적 분쟁을 조정해주길 간청했고, 무함마드는 622년 메디나로 자신의 거처를 옮겼다. 이 것이 바로 이슬람교에서 말하는 성천(聖遷; hijra)이다. 이슬람 세계에서는 622년을 이슬람력(曆)의 원년으로 삼는다.

이후 메디나에서 이슬람교를 포교하는 데 성공한 무함마드는 '메디나 헌장'을 공포하고 신정체제인 '움마(ummah)'를 건설했다. 그는 메디나에서의 성공을 발판으로 삼아 메카로 복귀하려 했으나 여의치 않았다. 그는 628년 1,400여 명의 신자들을 이끌고 메카 입성을 시도한 이래 메카의 지배 세력과 수차례에 걸친 크고 작은 전투를 치렀지만 끝내 귀환에 성공하지 못했다.

하지만 무함마드는 한때 메디나까지 포위당하는 상황을 초래한 트렌치 전투(627~628)에서 승리한 후 메카의 지배 세력과 '후다이비아 조약'을 맺었고(628), 2년 후인 630년에 승리자이자 정복자로서 메카에 귀환했다. 1월 11일에 한 무리의 추종자들과 함께 메카로 들어온 그는 알라(Allah)를 제외한 카바 신전[3]의 모든 신상을 제거하도록 했다.

그는 이슬람교의 토대를 굳건히 하고 교세를 확대하는 것은 물론, 아라비아 반도 전체를 통일하는 일에 전력을 다했다. 그는 630년경에 이르러 아라비아 반도의 대부분을 수중에 넣는 데 성공했지만, 62세(혹은 63세)이던 632년 8월에 시리아 원정을 기도하던 중 메디나에서 타계했다.

무함마드가 죽은 후에도 이슬람 세계는 놀라운 속도로 교세와 영역을 확장해갔다. 제1대 칼리파(khalifah)[4] 아부 바크르(Abu Bakr, 632~634)에 이어 우마르(Umar, 634~644)와 우트만(Uthman, 644~656) 또한 아랍-이슬람의 교세와 영역을 넓혀갔다. 그들은 시리아와 팔레스타인을 아우르고 638년에는 예루살렘마저 장악했다.

639~640년 당시 비잔틴 제국의 중요한 해군기지였던 알렉산드리아를 공격해 이집트를 병합한 이슬람은 641년에 바빌로니아 성을 함락시켜 사산조 페르시아를 장악했다. 이어 동지중해의 요충지 키프로스와 로도스를 점령한 이슬람 전사들은 시칠리아를 비롯해 남부 이탈리아를 공격하기 시작했다.

거기서 그치지 않고 이슬람 전사들은 698년에 북아프리카의 카르타고를 장악했다. 711년에는 아랍인뿐만 아니라 카르타고의 강인한 원주민 베르베르 족의 혼성부대를 지휘한 타리크(Jabal-al Tarik)가 지브롤터 해협을 건너 이베리아 반도를 공격했다.

이베리아 반도 장악에 만족하지 못한 아랍-무어 전사들은 732년에 피레네 산맥을 넘어 남부 프랑스로 쇄도했다. 그들은 투르에서 메로빙조 프랑크 왕국의 궁재(宮宰)[5]인 카롤루스 마르텔(Carolus Martel) 휘하 군대와 충돌한 후 스페인으로 퇴각했다. 그 이전인 718~719년에는 우마르 2세(Umar II, 717~720)의 아랍 대군이 비잔티움을 함락시키기 위해 마르마라 해로 쇄도했다.

이슬람 제국이 북아프리카와 지중해 방면으로만 진출한

것은 아니었다. 그들은 동쪽에서도 이른바 지하드(jihad: 성전, 즉 성스러운 전투)를 전개했다. 페르시아에서 동진해 투르키스탄으로, 그리고 724년에는 인더스 강과 중국 서부 지방에까지 진출했다.

이 밖에도 그들은 미개한 중앙아시아의 사막 지대와 흑해 연안으로 진출하여 그 땅을 무슬림의 것으로 만들었으며, 흑해와 카스피 해 사이의 아르메니아까지 병합했다. 그리하여 이슬람 제국은 아라비아 반도를 중심으로 인도 서부에서 이베리아 반도에 이르는 지역과 흑해, 카스피 해 연안 지역을 아우르는 대국을 건설했다. 물론 내적이나 외적으로 체제가 잘 갖추어진 완전한 통일국가는 아니었지만 말이다.

급속하게 성장한 이슬람 제국 또한 권력을 둘러싼 지배 세력 간의 내분을 피해갈 수 없었다. 무함마드의 사촌이자 사위, 곧 딸 파티마(Fatimah: 무함마드와 하디자의 무남독녀)의 남편이었던 알리(Ali ibn Abi Talib, 656~661)가 제4대 칼리파에 올랐으나, 오마르와 우트만처럼 그 또한 60세가 되던 해인 661년에 피살되었다.

예언자 무함마드의 혈통을 이어받은 자가 칼리파가 되어야 한다고 주장한 알리의 아들 알 후세인(al-Hussein)—그와 같은 혈통주의자들이 시아파(shi'ite, shia)가 되었고, 혈통주의

11

를 고집하지 않은 알리의 반대 세력이 수니파(sunni)가 되었다─이 칼리파가 되었다. 그러나 그는 우마야드(Umayyad) 가문 출신의 시리아 총독 무아위야(Mu'āwiyah)에게 패하고 말았다(661년의 카르발라 전투).

무아위야는 알리가 암살되기 1년 전인 660년에 예루살렘에서 스스로 칼리파로 즉위한 후 다마스쿠스를 수도로 삼았다. 적대 세력을 확고히 제압한 무아위야는 아들에게 칼리파 자리를 물려주는 데 성공했고, 이후 100여 년간 칼리파 직을 세습한 우마야드 가문은 이따금 시아파의 저항을 받기도 했다. 그럼에도 그들은 북아프리카·지중해·중앙아시아 등지로 영역을 넓혔을 뿐 아니라 산업을 일으키고 문화를 발흥케 하는 등 이슬람 제국의 전성기를 연출했다.

750년 수니파 우마야드 왕조는 일대 위기에 봉착했다. 남부 이라크를 거점으로 삼고 재기를 노리며 저항하던 시아파는 결국 우마야드 조의 마지막 칼리파 마르완 2세(Marwan II, 744~750)를 제거했다. 반란을 주도한 아불 아바스(Abu'l-Abbas, 750~754, 시아파는 아니었으나 예언자 무함마드 사촌의 증손자)는 아바스 왕조를 열고 수도를 바그다드로 옮겼다.

아바스 왕조의 칼리파들 또한 이슬람교를 널리 전파하고 영역을 확장하는 일을 게을리하지 않았다. 그들은 특히 아랍계 무슬림과 비(非)아랍계 무슬림을 평등하게 대우하여 이

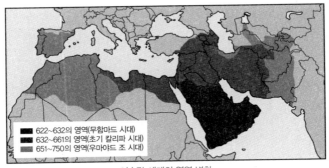

이슬람 세계의 영역 변화

슬람 세계의 융합을 도모하는가 하면 시리아와 페르시아 등 주변의 문화를 수용해 수준 높은 문화를 창조했다. 그리하여 아바스 조는 '바그다드의 영화'라고 일컬어지는 번영을 구가했다(아바스 조 전성기의 바그다드는 200만 명의 인구를 자랑했다고 한다). 특히 아바스 조의 제2대 칼리파 알 만수르(Al-Mansur, 754~775)는 762년부터 폭이 2.7킬로미터가 넘는 도시를 건설하고 해자(垓字)를 가진 3중의 원형 성곽으로 전체를 에워 쌌다고 한다.

그러나 아바스 조의 운명은 그리 오래 가지 못했다. 750년의 정변 당시 용케 목숨을 구한 우마야드 조의 일부 인사들이 스페인의 코르도바를 수도로 삼고 후(後)우마야드 조를 세웠던 것이다. 이후 세력을 강화해가던 코르도바 측은 929년에 칼리파를 자칭하면서 바그다드의 칼리파에 대항했다. 이로 인해 이슬람 제국은 바그다드의 아바스 조(동칼리파)와 코르도바의 후우마야드 조(서칼리파)로 완전히 분열했다.

이슬람 세계의 분열은 거기서 멈추지 않았다. 소규모의 독자적인 이슬람 국가들이 모로코·튀니스·이집트 등지에서 나타나는 등 이슬람 세계의 분열은 가속화됐다. 특히 이집트의 시아파 파티마(Fatima) 조는 10세기 초에 독립을 선언하고 스스로를 칼리파라 일컬었다. 파티마 조는 동·서 칼리파의 중간 요충지였기 때문에 상당한 힘을 자랑하며 이슬람 세계의 역사에 큰 영향을 미쳤다.

셀주크 튀르크—이슬람의 성장

아바스 조가 쇠퇴의 길로 접어들 무렵 바그다드에는 튀르크 족 용병 세력이 등장했는데, 그중 하나인 셀주크 튀르크 족이 1055년에 이르러 권력 투쟁에서 승리했고 마침내 그들은 바그다드를 차지할 수 있었다. 아랍계 칼리파를 제치고 등장한 셀주크 튀르크 족의 술탄(Sultan)[6]들은 이후 시리아·팔레스타인·아나톨리아(소아시아)에 걸친 대국을 건설하고 비잔틴 제국을 위협했다. 그리고 이들은 그들이 빌미를 제공한 십자군운동 이후 쇠퇴의 길을 걸었다.

소아시아의 대부분을 장악한 셀주크 튀르크 족은 니케아를 수도로 하는 새로운 이슬람 제국을 창건했다. 그들은 시리아와 팔레스타인을 장악한 데 이어(1092) 아바스 조의 잔존 세력마저 제거했다. 소아시아와 팔레스타인의 새 주인으로 등장한 셀주크 튀르크 족은 유럽 기독교도들의 성지순례와 교역을 방해하는가 하면 예루살렘의 기독교도들을 박해했다.

셀주크 튀르크 족이 강력한 공세를 가하자, 오랫동안 아랍-이슬람 세력의 줄기찬 공격에 시달리면서 반격의 기회를 노리던 유럽 기독교 세계는 성지회복과 기독교 해방을 명분으로 십자군운동을 일으켰다.[7] 교황권의 강화를 노리던 우르바누스 2세(Urbanus II, 1088~1099)는 비잔틴 제국의 알렉시오스 1세(Alexios I, 1081~1118)의 원군 요청을 받아들였고, 유럽의 기독교도들에게 십자군을 일으킬 것을 호소했다(1096). 결국 200년 가까이 지속된 십자군전쟁이 일어나 중동은 물론 유럽 역사의 흐름을 크게 바꾸었다.

비잔틴 제국은 그 무렵 북쪽과 동쪽으로부터 침공해온 적들로 인해 영토는 줄어들고 수도 콘스탄티노플 또한 위험한 상태에 놓여 있었다. 그럼에도 황궁에서는 권력 장악을 위한 음모와 내분이 끊이질 않았다. 이런 상황에서 1081년 제위에 오른 알렉시오스 1세는 베네치아와 동맹을 맺고 달마

티아의 노르만 족을 격퇴했다. 그는 나아가 셀주크 튀르크와 평화협정을 체결했지만, 내심 그 무렵이 내분에 휩싸인 셀주크 튀르크를 타도할 기회라고 생각했다.

셀주크 튀르크는 술탄 말리크 샤(Malik Shah)가 죽은 뒤(1092) 그의 아들들 사이에 벌어진 권력 투쟁과 지방 세력의 저항에 시달렸다. 자신의 권력을 공고히 하고 셀주크 세력을 타도할 기회가 도래한 것으로 여긴 알렉시오스 1세는 때맞춰 우르바누스 2세에게 군사적 원조를 요청했다.[8] 마침 유럽 기독교 세계 전체를 움직이게 할 일을 벌여 자신의 큰 뜻을 펼칠 기회를 노리던 우르바누스 2세는 그의 요청에 화답했다.

제1회 십자군운동의 주력군, 즉 귀족 십자군은 무기와 기율(紀律: 규율)을 어느 정도 갖춘 원정군이었다.[9] 비교적 통일된 모습을 보인 그들은 네 개의 부대로 나뉘어 콘스탄티노플에 도착한 후 보스포루스 해협을 건넜다. 소아시아에 상륙한 십자군은 1097년 5월에 셀주크 튀르크 군을 제압하고 니케아를 함락시켰다. 그 후 주력 부대는 안티오키아로 향했지만, 나머지 십자군은 유프라테스 강 상류의 고대 도시이자 시리아를 방어할 요충지인 에데사로 진격했다.

십자군의 주력 부대는 안티오키아를 지나 예루살렘으로 계속 진격했고, 1099년 6월 7일 드디어 예루살렘에 입성했다. 그러나 우르바누스 2세는 십자군이 예루살렘을 탈환했다는 소식이 전해지기 직전에 타계했다.

사실 십자군이 벌인 예루살렘 공격은 피비린내 나는 살육을 수반했다. 하지만 일방적인 공격은 아니었다. 이슬람 세력 역시 십자군의 공격에 완강히 저항해 양측 모두 많은 피를 흘렸기 때문이다.

특히 수니파 튀르크 족으로부터 예루살렘을 빼앗은 시아파 파티마 조는 예루살렘을 끝까지 지키려 했다. 하지만 결국 에데사와 안티오키아에 이어 예루살렘에 십자군의 왕국이 건설되고 고드프레아(Godfrey)가 '방어자'로 선출됐다. 그리고 툴루즈 백(伯) 레몽(Raymond)은 안티오키아와 예루살렘 중간에 있는 트리폴리를 중심으로 네 번째의 십자군 국가인 트리폴리 백령(伯領)을 건설했다.

제1회 십자군운동이 힘겹게 성공한 요인은 이슬람 세계의 분열이었다. '살라딘과 십자군의 격돌' 장(章)에서 언급하겠지만, 소아시아와 시리아의 셀주크 조는 서로 고립되어 있는데다 소아시아의 튀르크 족은 십자군을 비잔틴 제국의 영역에 묶어두는 것에만 유의하고 있었다. 그 위에 있는 시리아의 셀주크 세력은 분열하여 대립했으며 심지어 상대 세력을 견제하기 위해 프랑스 십자군과 동맹하기도 했다.

뿐만 아니라 시리아의 셀주크는 이집트의 파티마 조와도

대립하고 있었으므로—셀주크 족의 여러 세력과 이집트의 파티마 조는 인종도 튀르크 족과 아랍 족으로 달랐지만, 종파 또한 수니파와 시아파로 달랐다—중동의 이슬람 세력이 결속해 대(對)십자군 군사동맹을 결성하는 것은 실현할·수 없는 일이었다. 그로 인해 제1회 십자군운동은 절반의 성공이나마 거둘 수 있었다.

셀주크 세력 내에서도 결속 또는 통합의 움직임이 일어나기 시작했다. 셀주크의 술탄 마흐무드(Mahmud)가 모슬에 파견한 총독 장기(Zangi; Imad-al-Din)[10]는 1128년에 알레포를 점령했고, 이어 북부 시리아를 거쳐 1144년에는 에데사를 장악했다. 이처럼 장기의 세력이 커지면서 조금씩 이슬람 세계를 통합하기 위한 길이 보이기 시작했다.

장기는 2년 후에 타계했지만, 그의 아들 누레딘(Nureddin)은 에데사를 탈환하려는 십자군의 의지를 꺾은 후(1146) 여세를 몰아 이집트로 눈을 돌렸다. 프랑스와 동맹을 포기하고 오히려 대십자군 성전을 일으키려 했던 그는 1150년부터 다마스쿠스를 공격했다. 결국 그는 다마스쿠스를 장악한 후 쇠퇴의 길을 걷던 파티마 조 치하의 이집트에 영향력을 행사하는 데 성공했다.

이제 살라딘(Saladin; Sahàh ad-Din Yúsuf ibn Ayyub, 1137/

38~1193)의 등장을 이야기할 차례다. 누레딘은 쿠르드 족 출신의 부하 시르쿠흐(Shirquh)를 카이로에 파견해 파티마 조를 통제하려 했다. 그리고 시르쿠흐가 죽은 후에는 시르쿠흐의 조카 살라딘으로 하여금 그 일을 맡도록 했다. 이후 누레딘의 명령을 따라 파티마 조를 무너뜨린 살라딘은 이집트를 유명무실한 아바스 조의 속령으로 편입시켰다(1171). 이리하여 이라크·이집트·시리아의 무슬림들이 오랜 분열을 끝내고 종교·정치적인 통일을 성취할 수 있는 토대가 마련되었다.

메소포타미아의 티크리트 출신인 살라딘은 누레딘이 죽은 후(1174) 시리아와 이집트를 통합하는 일에 착수했다. 결국 1177년경에 이집트와 시리아를 확고하게 장악한 그는, 1187년에 갈릴리 호 부근의 하틴(Horns of Hattin) 전투에서 십자군을 참패시켰다. 이때 십자군을 지휘한 레날드(Raynald of Chtillion)와 기(Guy of Lusignan) 등은 포로로 잡혔다가 석방금을 내고 풀려났다. 살라딘은 여세를 몰아 예루살렘을 수복했고―예루살렘 국왕 볼드윈 4세(Baldwin IV)도 풀어주었다―팔레스타인과 주변 지역 대부분을 장악했다.

예루살렘은 물론 항구도시 티르를 제외한 전 지역이 살라딘의 지배를 받게 되자 유럽 기독교 세계는 큰 충격에 빠졌다. 유럽은 그리하여 잉글랜드의 사자심왕 리처드 1세 (Richard I the Lionhearted, 1189~1199), 프랑스의 존엄왕 필리프

2세(Philip II Auguste, 1180~1223), 독일(신성로마 제국) 황제 프리드리히 1세(Friedrich I Barbarossa, 1152~1190) 등 유럽 3대국의 군주들이 참가한 세 번째 십자군(1189~1192)을 일으켰다. 그러나 리처드 1세와 필리프 2세의 반목 등으로 십자군은 별다른 성공을 거두지 못했다. 하지만 유럽 기독교 세계는 계속해서 십자군을 파견했고, 결국 1270년까지 대규모 십자군 원정만 여덟 차례나 감행했다.

튀르크-이슬람의 발흥

200여 년에 걸친 십자군과의 전쟁, 전후의 심각한 내분으로 크게 약화된 셀주크 튀르크 족에게 마지막 일격을 가한 것은 몽골 족이었다. 몽골을 통일한 칭기즈칸은 금(金)을 공격해(1211~1215) 동아시아를 장악한 후 서쪽으로 눈을 돌렸다. 그의 뒤를 이은 지배자들 휘하의 몽골 군은 중동 지역은 물론 중앙아시아를 거쳐 남러시아와 동유럽까지 진출했다.

중동 지역으로 진출한 몽골 군은 1218년에 서요를 정벌한 이듬해 가을, 카스피 해 남쪽의 호레즘샤(khwarezm sha) 왕국11)을 공격했다. 그러자 술탄 무함마드는 수도 사마르칸드를 버리고 1221년에 서쪽으로 도주했고 왕국은 무너졌다.

그때 셀주크 튀르크는 아제르바이잔을 지나 서진하던 몽

골 군과의 싸움(1242년에 벌어진 쾨세다으 전투)에서 대패했다. 1256년 다시 몽골 군에 패배한 셀주크 튀르크 족은 결국 몽골에 예속되어 역사의 무대에서 사라져갔다.

셀주크 튀르크 족이 몽골 족에 예속되면서 13세기 말경의 소아시아와 주변 지역은 튀르크 족 군소 부족들의 할거지가 되었다. 오스만 튀르크 제국 창건자로 인정받는 오스만 가문의 오스만 1세(Osman I, 1289생~1326몰, 오스만이란 명칭은 오스만 1세로부터 유래했음)가 통치한 오스만 튀르크 족도 그중의 하나였다. 그들의 근거지였던 북서부 소아시아의 수구트는 비록 작은 도시였지만, 콘스탄티노플 앞바다인 마르마라 해로 진출할 수 있는 요충지 브루사에서 멀지 않은 지역이었다.

오스만 튀르크 족은 다른 부족들과 경쟁해야 하는 데다 비잔틴 제국과 국경이 접해 있었기 때문에 강력한 군사력을 보유해야 했다. 강력한 군사력으로 북서 소아시아에 있는 비잔틴 제국의 영역을 침탈해 영역을 확대해가던 오스만은 치세 말인 1326년 마르마라 해의 관문인 브루사를 장악했다.

그를 이은 오르칸(Orkhan, 1326~1362)도 1331년에 니케아(이즈니크)를, 1337년에 니코메디아(이즈미트)를 정복했다. 그리고 1335~1345년 사이에 서부 소아시아 해안의 작은 토후국 카라시를 병합하면서 소아시아 북서쪽 지역도 통제할 수 있게 되었다. 이처럼 초기 술탄들의 노력으로 오스만 튀르크 제국은 군소 튀르크 족을 제압하거나 병합하면서 14~15세기에 이르러 이슬람 세계를 이끄는 나라로 발전해갔다.

소아시아 서해안까지 진출한 오스만 제국은 뒤이어 발칸 반도에 교두보를 구축하는 데 성공했다. 제2대 술탄 오르칸은 발칸 반도의 갈리폴리를 점령해 발칸 반도 진출을 위한 거점으로 만들었다(1354). 갈리폴리는 정치·경제적 중요성은 물론 지리·인종적 중요성 때문에 오스만이 오랫동안 노려온 땅이었다. 오스만 제국은 거기서 그치지 않고 보스포루스 해협을 건너 발칸 반도로 쇄도했다. 일단 발칸 반도에 발을 디딘 오스만은 아드리아노플(에드리네)과 남세르비아에 이어 불가리아와 마케도니아로 들어갔다. 승승장구하던 오스만은 발칸 반도의 중앙부인 소피아와 니스를 장악한 데 이어 1393년엔 불가리아를 손에 넣었고, 그로부터 얼마 지나지 않아 세르비아까지 차지했다.

이처럼 발칸 반도의 대부분을 장악한 오스만 제국은 여세를 몰아 소아시아의 군소 토후국들을 병합하기 시작했고 상당한 성과를 거두었다. 하지만 무력에 의존한 병합정책은 토후국들의 만만찮은 저항을 불러왔다. 오스만 내부에서도 동족을 무력 일변도로 제압하는 것에 대한 불만의 기운이 높아져 갔다. 흔들리던 제국은 1402년에 결국 동쪽으로부터 내습한 티무르(Timur) 군을 맞아 벌인 앙카라 싸움에서 완패했고, 포로로 잡힌 술탄 바야지드 1세(Bayazid I)는 다음 해에 티무르의 감옥에서 옥사했다.

앙카라에서 크게 패배하기 전, 그리고 패배 이후에도 일시적인 침체의 길을 걸은 오스만 제국은 얼마 지나지 않아 다시 이전의 활력을 회복했다. 특히 메흐메드 1세(Mehmed I, 1413~1421)와 무라드 2세(Murad II, 1421~1451) 치세 중에 오스만 제국은 소아시아와 유럽에서 느리지만 확실하게 성장해나갔다. 그 무렵 오스만 제국은 모레아·에피루스·알바니아·세르비아까지 장악하면서 소아시아와 발칸 반도의 대부분을 통치할 수 있었다. 당연한 사실이지만, 발칸 반도에서 세력을 키워가던 오스만 제국은 기독교 세계의 저항을 불러일으켰다. 가장 크게 위협을 느낀 헝가리는 폴란드·세르비아·왈라키아(루마니아)의 지원을 받아 오스만에 도전했지만 1444년과 1448년에 연이어 패배했다. 오스만은 1456년에 베오그라드에서 헝가리에 패했지만, 1521년에 이르러 마침내 헝가리의 대부분 지역을 손에 넣을 수 있었다.

오스만 제국은 서로마 제국이 멸망한 후에도 1,000여 년을 버텨온 비잔틴 제국마저 정복했다. 오스만은 기존의 마르마라 해 동부 해안 성채 외에도, 메흐메드 2세(Mehmed II, 1451~1481) 때 마르마라 해 유럽 해안에 성채를 건설하여 마르마라 해협을 포함한 보스포루스 해협까지 완전히 통제할 수 있었다. 그리고 여세를 몰아 비잔틴 제국마저 무너뜨렸다(1453). 사실 그 무렵의 비잔틴 제국은 오스만 제국에 거의 포위된 상태에 있었지만, 그 존재만으로도 오스만의 발칸 반도 정책을 어느 정도 견제할 수 있었다.

비잔틴 제국마저 제거해 발칸 반도를 포함한 동지중해 세계를 완전히 장악한 오스만 제국은 이후 중동·북아프리카 지역에서도 영역을 서서히 넓혀갔다. 오스만 제국은 1517년에 카이로를 점령할 때 사로잡은 마메루크(Mameluke) 조[12]의 마지막 칼리파인 투만 베이(Tuman Bey)를 처형했다. 그로 인해 마메루크-페르시아 동맹의 위협에서 완전히 벗어났을 뿐만 아니라 시리아와 이집트를 얻었다. 그리하여 오스만 제국의 술탄은 이슬람 세계의 성지인 메카와 메디나의 보호자가 되었고, 더불어 이슬람 세계에서 술탄의 권위는 더욱 높아졌다.

비잔틴 제국을 정복하고 나아가 시리아와 이집트를 병합하는 데 성공한 오스만 제국은 술레이만 1세(Suleiman the Great, 1520~1566)에 이르러 최전성기를 맞이했다. 술레이만의 오스만 제국은 비록 빈을 점령하는 데는 실패했지만, 소아시아를 중심으로 중동·발칸 반도·중부 유럽·북아프리카 일부를 영토로 삼고 지중해를 호령하는 거대한 제국으로 발전했다.

비록 1571년의 레판토 해전에서 유럽 기독교 세력(신성동맹)에 패배했지만 여전히 유럽 기독교 세계를 위협하던 오스만 제국은, 제위를 둘러싼 권력 투쟁, 군부의 부패, 사회문화적 후진성, 개혁의 연이은 실패 등으로 인해 결국 18세기 중엽 이후 쇠퇴의 길로 들어섰다.

1908년 청년터키당의 혁명과 제1차 세계대전을 겪으면서 해체의 과정을 밟으며 스러져가던 오스만 제국은 훗날 터키공화국으로 변신했다(1922).

이슬람 세계의 군사 전략과 전술

무함마드와 아랍-이슬람의 전략과 전술

예언자 무함마드의 전략·전술은 오랫동안 이슬람 세계의 모델이 되었다. 다시말하면 17~18세기 이전 이슬람 세계의 전략·전술은 대부분이 예언자 무함마드의 유산이다. 이슬람교의 개창자인 그는 혁명적인 정치지도자이며 탁월한 군사지도자로 평가받기도 한다.

무함마드 이후의 아랍-무슬림 또는 여타 무슬림의 군사적인 성공은 종교적 열정과 군사적인 헌신을 결합하고, '전략적 사고와 합리적 계획을 함께 고려한 그의 전술에 기인한 바가 적지 않았다.

무함마드는 우선 종교적인 열정, 천국의 약속, 전리품의 공정한 분배 등을 통해 전사들을 결속시켰다. 그리고 배신자에 대해서는 사형도 개의치 않은 등 규율을 엄중히 지켰다. 배신자를 사형으로 벌하는 것은 적에게도 공포심을 주기에 충분한 규율이었다. 사실 전통사회에서 전리품에 대한 기대는 동기 유발의 가장 큰 요소였지만, 무슬림에게는 강렬한 신앙이 전리품보다 더 중요하고 강력한 동기였다(무함마드의 몫인 5분의 1 외의 전리품은 전사들에게 공정히 분배되었다).

무함마드는 직접 지휘할 때 27개의 작전(ghazwaat), 그렇지 않을 때 100개의 작전(syrias)을 구사했다고 한다. 이것은 특정 작전에 얽매이지 않았다는 뜻이다. 또한 무함마드는 공격과 방어 어느 한쪽만을 선호하지 않았다.

그는 주로 진영을 비워 방어하다 매복병을 투입해 공격하는 작전을 썼다. 그는 적을 공격하기 전에 적의 식량공급을 차단하거나 연락망을 끊어 도시·부족·수비대 등 공격 목표를 미리 고립시켰다. 또한 전투에 앞서 무기·갑주·말·낙타 등을 면밀히 점검했으며, 장기간 카라반으로 생활한 경험을 살려 진군할 길의 상황·진군 거리·중도의 수원지·말과 낙타 먹이 공급처·기후·지형 등을 사전에 면밀히 검토했다.

무함마드는 투석기와 수레(dabbabah)를 사용해 적을 포위·

공격했으며(페르시아 식), 기병·궁수·보병을 적절히 연결시키기도 하고 때로는 참호 작전을 펴기도 했다.

무함마드는 가능한 한 젊은이들에게 약탈전을 맡겨 군사 경험을 쌓게 했다. 그는 생포한 적군을 참형하거나 학살해 적을 두려움에 떨게 하는 심리전을 펴기도 했다. 개종한 자를 장교로 중용하거나 필요할 경우 이교도와도 협상하고 연맹했다. 무엇보다 그는, 다른 부족의 재산이나 여성을 주저 없이 약탈하고 보복공격에 익숙했던 유목민(베두인 족)을 죽음조차 두려워하지 않는 무슬림 전사(mujāhid)로 만들었다.

무함마드를 알라의 예언자로 숭앙한 아랍-무슬림[13]도 신에 선택된 신자로서의 열성적 신앙, 신에의 절대적 귀의와 복종, 천국의 약속에 대한 믿음을 통해 일심동체가 되어 싸웠다. 나아가 무함마드의 가르침을 따라 시행한 전리품의 공정한 분배 또한 그들을 전장(戰場)의 형제로 만들었다.

그들의 전술 역시 무함마드의 유산이었다. 무함마드가 그랬듯 전술의 종류도 매우 다양했지만 그중에서도 그들은 게릴라전·매복전·기습공격 등을 선호했다.

그들은 조직적인 전투대형도 자랑했는데, 중앙에 지휘부를 두고 좌익-우익, 전위-후위로 포진하되 최전방엔 척후대를 배치하는 형태였다. 무기와 군수품 전대(戰隊), 군수품 상인 등은 후위대를 이루었다. 우마야드 조 말기엔 밀집대형과

병렬대형 군진을 채택하기도 했다.

아랍-무슬림은 투석기는 물론 이동식 탑에 전사를 태워 성을 공격하거나 넘기도 했다. 그들은 투석기 외에도 공성무기·성벽용 사다리·참호와 터널 건설기구 등을 동원했으며, 낙타와 말을 수송력으로 이용해 기동력을 높였다.

그들은 중동과 북아프리카의 전장에서 대부분의 경우 낙타에 갑주를 입힌 낙타기병대를 출동시켰다. 기동성이 뛰어나 '이동 수비병'(mutajamk tulai'a)으로 불린 경기병은 창과 칼로 무장하고 적의 측면이나 후미를 공격했다. 그들은 비잔틴 제국과 페르시아의 중무장 보병이나 기병과 달리 경기병 혹은 경기병 궁수를 주력군으로 삼았다. 하지만 732년 투르에서는 중기병이 주력군 역할을 했다. 사실 기병은 말들이 중무장 보병단 속으로 뛰어들지 않으려 할 경우 전략상 차질을 초래하기 쉽지만, 일단 적진 속으로 쇄도하기만 하면 적에게 결정적 타격을 줄 수 있었다.

아랍-이슬람[4]은 또한 전사들에게 경무기와 소량의 군수품을 지급하는 대신 대부분의 보급물자는 현지에서 약탈해 조달하게 했다. 그들은 거점도시(다마스쿠스, 알레포, 카이로 등)에 거대한 성벽을 쌓는가 하면 군사 요지에 병영도시(amsar: 카이라완, 이라크의 쿠파와 바스라, 이집트의 푸스타드 등)를 건설해 정복민을 통제했는데, 일부 병영도시들은 점차 정치·상업·

문화적 중심지로 변모하기도 했다. 그들은 또 도시나 성채를 그대로 두고 진격하되, 주변 지역을 장악한 후 다시 공격하거나 고사시키는 방법을 썼다.

한편 아랍-무슬림의 칼리파나 지방 총독들은 충직한 노예전사를 양성하기도 했다. 노예전사는 지역 연고가 없어 대개 주군에게 무조건적으로 충성했다. 아랍-무슬림 전사들은 제2대 칼리파인 우마르 이후 일정한 급료를 받았으며—유급 전사의 명부인 디완(diwan)이 그 사실을 증명해준다—급료 외에도 약탈품을 분배받았다.

셀주크 튀르크-이슬람의 전략과 전술

십자군전쟁 초기에 셀주크 튀르크 족이 구사한 핵심 전략 또한 기동력이 뛰어난 경기병 궁수를 주력군으로 삼아 싸우는 것이었다. 기동력이 뛰어난 경기병은 적과 거리를 유지하고 공격 기회를 포착하는 데 유리했다. 뿐만 아니라 기동력이 있으므로 위장 후퇴나 매복 기습 작전을 펴기도 쉬웠으며, 행군 중에 적을 공격하거나 방어하기에도 적절했다.

그들은 비잔틴 제국의 황제 로마노스 4세(Romanos IV)를 포로로 잡은 1071년의 만지게르트 전투 때처럼, 경기병을 이용해 습격하고 뒤로 빠지는 이른바 '치고 빠지기'(hit and run) 작전을 자주 감행해 적에게 큰 타격을 주거나 전쟁을 승리로 이끌었다. 하지만 그들 또한 정치적 안정에 유리한 관료·행정적 체제를 적절히 갖추지 못해 정치적 생명이 길지 못했다.

살라딘의 전략은 셀주크 튀르크 족에 비해 상당히 정교하고 다양했지만 고도의 군사 전략을 짜고 싸운 것은 아니라고 평가된다. 다만 그에게는 잘 훈련되고, 언제나 동원할 수 있는 군대가 있었다. 그는 십자군의 중무장 기사들이 펼치는 공격을 약화시키기 위해 경기병 위주의 기습 작전을 즐겨 폈다. 아랍-무슬림 전술을 수용한 그도 목표를 정해 신중하게 진격하되, 주력군인 기병을 기마 궁수대-화(火)투석대 혼성군과 함께 투입해 성을 포위·공격하거나 석궁대와 투석대를 동원하기도 했다.

그는 이 밖에도 주력군이 공격을 펼치는 것과 동시에 화투석대와 노예 화공대(火攻隊)를 투입해 적의 보급품을 불태우는 전략을 쓰기도 했다. 그리고 성이나 보루가 파괴되면 철퇴군을 투입, 적 지휘부를 타격해 전투를 신속히 종결지었다.

살라딘 또한 뛰어난 '성전의 지도자'였을 뿐, 행정·관료적 체제를 제대로 갖춘 인물은 되지 못했다. 살라딘도 종교·행정·사법적 권력을 1인이 모두 장악하는, 무함마드의 뒤를 잇는 아랍-이슬람 지도자였다. 오합지졸을 규합하고 훈련시켜 정예군으로 만든 뒤 십자군에 대승한 그도, 종교적인 가치를 현실적 이익 앞에 두는 아랍 전통 안에 있었다. 따라서 종교적인 이유 때문에 군사적인 이익을 놓치는 경우도 적지 않았다. 행정·관료적 제도를 적절히 갖추지 못했기 때문에 그가 죽자 그의 아이유브(Ayyūb) 조 또한 사라지고 말았다.

오스만 튀르크-이슬람의 전략과 전술

오스만 튀르크 족 또한 호전적 유목민 출신이었다. 오스만 1세를 비롯한 지도자들은 약탈원정대―터키 등의 지역에선 'ghazw'라 표기하고, 영어권에서는 'ghaza'라 표기한다―의 전사(ghazi: 가지)들이었다. '가지'는 튀르크 족의 이슬람화 이전에는 튀르크인의 약탈행위를 일컬었고, 이후엔 튀르크인 성전 참여자의 용맹성을 표현하는 용어가 되었다. 오늘날 터키의 국부로 숭앙받는 케말 파샤(Mustafa Kemal Atatrŭk)도 1921년에 '가지' 칭호를 받았다.

중동과 발칸 반도의 주인으로 급성장한 튀르크-이슬람의 전술은 16세기 전후에 확립됐다. 상비정예 근위병인 예니체리(yeniceri)와 함께 기병·포병·경기병을 주력군으로 삼은 튀르크 군은 주력군의 하나인 경기병을 전면에 배치하되 앞과 뒤에 보병을 투입하고, 다시 예니체리를 배치해 전력을 보강했다. 술탄이 전투를 직접 지휘할 경우엔 예니체리 다음에 술탄 경호병-술탄-포병대 순서로 배치했다. 술탄과 포병대 진지는 임시 요새가 되었다.

튀르크-이슬람 역시 전술이 매우 가변적이었다. 하지만 대개 우월한 군세와 떠들썩한 성가(聖歌) 소리로 적을 공포에 빠뜨린 다음 경기병―경기병 시파히(sipahi)는 쇠사슬 갑옷에 활·칼·창·도끼 등으로 무장했다―을 내세워 공격을 시작했다. 경기병이 치고 빠지는 작전을 편 후 비켜서면 포병대와 예니체리의 공격이 이어지고, 마지막에는 다시 측면에서 경기병이 전투를 끝내는 전략을 즐겨 택했다.

오스만 제국은 발칸 반도의 기독교도로부터 대포 제작술을 익혀 전쟁에 투입함으로써 1453년에 콘스탄티노플 성을 함락할 때 큰 전과를 거두었다. 발칸 반도 출신 기독교도들은 교황청이 엄금했는데도 오스만에 화승총을 몰래 팔았다.

발칸 반도의 두브로브니크엔 대포 제조창이 존재했고(814) 뒤이어 화승총도 제조되었다고 한다. 오스만의 메흐메드 2세 (Mehmed II)는 콘스탄티노플을 공격할 때(1453)와 베오그라드를 공격할 때(1456) 이 대포를 이용했다(당시 화약 대포는 무게가 10톤 이상이고 장착된 포탄도 150킬로그램 이상이었다고 한다).

오스만 제국의 주력군도 상비정예 근위병 예니체리였다. 술레이만 1세 때에는 근위병단이 196개 소대였고 전사의 수도 1만 2,000명에 달했다. 11세기 초엔 1만 3,000명 이상이었던 근위병단은 유럽인에게 무적의 전사로 각인돼있었다. 예니체리는 이슬람으로 개종한 발칸 반도 출신의 노예로 구성되었고, 지역적인 이해관계가 없는 국외자 같은 존재로서 모두 술탄에 충성했다. 이 밖에 상비군인 포병대와 기병대가 있었으며, 약탈생활을 하던 척후병과 속주에서 모병한 국경 수비대도 있었다.

군사 기술이 서구에 크게 뒤지기 시작한 17세기 이전까지 오스만 군은 대체로 서유럽을 능가하는 강력한 군사력을 자랑했다.

한편 지중해 제해권을 노리던 아랍-튀르크 이슬람[15]은 일찍부터 해군력을 강화하기 위해 노력했다. 지중해 각지, 특히 로도스·키프로스·크레타 등 동지중해의 도서(島嶼)들과 마르마라·보스포루스 해협 등에서 비잔틴 해군과 치열하게 싸운 아랍-튀르크 무슬림은, 시리아인과 그리스인 등 정복민을 이용해 함선을 운항하거나 건조했다. 살라딘은 물론 바르바로스(Barbarossa Heyrrddin Fasha)[16]도 개인적으로 함대를 건조하고 해군을 육성했다.

사실 그들은 대체로 사막의 유목민 출신인데다 사회적으로도 선원보다 육지 전사들을 우대하고 명예롭게 여겼다. 그렇기 때문에 해군력은 물론 해상 전술과 무기의 측면에서도—앞으로 언급할 '그리스의 불'을 보면 알 수 있듯이—비잔틴 제국보다 뒤처진 게 사실이다. 하지만 그리스와 이탈리아 선원을 생포하거나 고용해 조선술을 익히는 등 해전을 위한 무기와 전술을 점차 발전시켜갔다.

이슬람 세계의 모든 전쟁은 '신의 뜻'

혹자는 이슬람 세계가 치른 전쟁은 종교적 성격을 띠지 않았으며, 무슬림은 실용주의적 필요가 있을 때만 서로 싸웠다고 주장하기도 한다. 그들은 아라비아 반도에서 인구의 균형이 흔들리는 동시에 빈곤이 심화되면 주민들이 주변 지역을 침략하고 약탈하는 일이 빈발해진다는 점에 주목한다. 하지만 무슬림 전사들의 전리품에 대한 강한 욕망을 부정할 수 없을 것이다.

어떤 역사가는 투르 전투와 관련해서도 무슬림의 호전성을 부정한다. 그에 따르면 투르 전투 무렵 중동과 북아프리카의 무슬림들은 종교적이든 기타의 측면에서든 서구 기독교 세계를 정복할 필요성을 크게 느끼지 않았다고 한다. 게다가 원시적 후진 상태인 유럽과 무역할 기회도 없었고 그들이 챙길 전리품도 많지 않았기 때문에, 유럽은 그들에게 그렇게 매력적인 땅이 아니었다고 말한다.

하지만 종교적 열정이나 경제적 필요성 중 어느 것도 없었다면, 도대체 무엇 때문에 투르에서 그들의 사령관이 전사할 정도의 혈투를 벌였을까? 한 아랍 작가는 페르시아·비잔틴 제국과 싸워 승리한 후 "우리는 가장 강성한 왕국, 엄청난 수의 백성을 거느리고 다른 국가들을 지배하는 초강대국 페르시아와 비잔틴 제국에 맞섰다. 무기도 장비도 식량도 없이 우리는 맨몸으로 나가 싸웠다. 신은 우리에게 승리를 주었다. 우리로 하여금 그들의 나라를 정복해 그들의 땅에 살게 하고, 그들의 재산을 빼앗도록 허락해주었다. 우리에게 이러한 진리보다 더 강하고 나은 것은 없다"고 말했다.

제2대 칼리파 우마르는 신으로부터 세계를 정복하라는 명령을 받은 적이 없다고 주장했다. 하지만 무함마드 이래 이슬람 세계의 전쟁에서 종교적 요소를 배제할 수는 없을 것이다. 위의 인용문에서도 승리를 신의 뜻으로 돌리지 않는가? 무함마드는 『코란』 여기저기에서 알라의 길을 위해 배신자나 불신자와 싸우라고 가르친다.

　　알라와 최후의 날을 믿지 않는 사람들과 싸우라. 그리고
　신과 그의 사도가 명한 것을 따르지 않는 사람들에 대해서,
　그들이 공납을 바치고 겸손해질 때까지 싸우라.

『코란』 제9장 제29절

살라딘에게도 모든 행동의 동기는 강력하고 흔들림 없이 지하드에 헌신하는 것이었다. 이슬람 신앙을 북돋우고, 이슬람의 이념과 가치를 발전시키고 전파시키는 것이 그가 편 정책의 핵심이었다. 무함마드 이래 이슬람교는 전쟁, 곧 성전을 통해 성장했고, 성전 중에는 사회의 모든 정상적 구조와 행위는 그 의미를 상실했다.

무함마드는 전사들에게 전리품뿐만 아니라 천국을 약속했고, 종교적 열정을 북돋워 그들을 『코란』의 가르침에서 한 걸음도 벗어나지 않게 만들었다. 무슬림은 일터·산실(産室)·전쟁터 어디에서든, 또한 전투원이든 비전투원이든 언제나 "인 샤 알라"(in shā Allah: 신의 뜻대로)를 외쳤다. 타국을 침범해 성을 함락시켜 빼앗거나 주민을 약탈하고 살육하는 행위도 곧 "인 샤 알라", 그것일 뿐이었다. 신의 이름으로 행하는 군사적·비군사적 행동주의는 이슬람 신앙의 중요한 한 요소였다. 무슬림에게는 방어전쟁만이 아니라 침략전쟁도 성전이었다.

박해가 없어질 때까지, 종교가 알라의 것이 될 때까지 그들과 싸워라.

『코란』 제2장 제193절

아랍-이슬람의 동지중해 진출과
콘스탄티노플 공격

사실 아랍-이슬람의 지중해 진출은 결코 쉽지 않았다. 그
들은 무함마드 사후 비잔틴 제국을 압박해 알렉산드리아와
시리아의 지중해 연안을 통제했지만, 사막의 유목민 출신이
대부분인 무슬림에게는 바다로의 진출이 그리 용이하지 않
았다. 아랍 전사들은 육지에서와는 달리 비잔틴 해군으로부
터 동(東)지중해를 쉽게 빼앗지 못했다. 해전에 미숙하다는
한계가 결국 그들로 하여금 645년의 퇴패를 맛보게 했다. 비
잔틴 수군은 나일 강 델타 지대에 대규모 공격을 퍼부어 알
렉산드리아를 탈환했다. 아랍 측은 바로 반격에 나섰으나 알
렉산드리아를 다시 빼앗기는 쉽지 않았다.

시리아 연해와 주변 섬들에서도 사정은 비슷했다. 이슬람 측은 시리아를 완전히 장악했지만 비잔틴 제국 지배 아래 있던 동지중해 연안의 작은 섬 아라도스를 손에 넣지는 못했다. 시리아 총독 무아위야(Muawiya ibn Abi Sufyan)는 제해권 확보 없이 시리아 연안을 완전히 장악할 수 없다는 점을 간파하고 함선 건조와 수군 강화에 착수했다. 이집트 총독 압둘라(Abdullah ibn Saa'd)도 무아위야의 뒤를 따랐다.

648년에 이르러 1,700여 척으로 구성된 대함대를 갖게 된 아랍은 비잔틴 제국의 키프로스를 대대적으로 공격해 점령했다. 아랍-이슬람 세력이 감행한 최초의 대규모 해전이었다. 아랍-이슬람은 뒤이어 비잔틴 제국의 시리아 해안 최후의 거점이었던 로도스와 크레타를 공격해 약탈했다.

마스트 해전과 670년대의 콘스탄티노플 포위·공격

아랍-이슬람 세력은 이후 시리아와 이집트 기지를 거점으로 삼아 줄곧 비잔틴 제국의 동지중해 제해권에 도전했다. 652년에는 시칠리아와 로도스 섬을 다시 습격하고 654년에는 키프로스를 점령하기도 했다. 하지만 동지중해에서의 이슬람과 비잔틴 해군의 본격적 대결은 655년에 일어났다. 비잔틴 황제 콘스탄티노스 2세(Konstantinos II, 641~668)의 해군과 제3대 칼리파 우트만(Uthman, 644~656)의 동생이자 이집트 총독이던 압둘라 휘하 아랍-이슬람 군의 해전이 그것이다.

해군력을 강화한 무아위야는 카파도키아 원정 중이던 655년에 압둘라의 함대로 하여금 소아시아 남쪽 해안으로 진격케 했다. 콘스탄티노스 2세도 그에 맞서 자국령인 소아시아 해안으로 대함대를 파견했다. 양측 전함들은 소아시아 남쪽 해안인 리키아의 포에니크에서 조우해 격돌했다. 높은 돛대(마스트)에 '십자가기(旗)'가 걸린 비잔틴 전함의 수군들은 찬송가를 부르며 아랍 측 함대를 공격했고, 역시 기함의 마스트에 '초승달기(新星旗, crescent)'를 내건 아랍-이슬람 병사들은 『코란』의 구절을 외치며 비잔틴 군을 공격했다. 양측 전사들은 서로 상대의 소리를 압도하기 위해 목청을 돋우며 무기를 휘둘렀다. 격렬한 전투 내내 양측의 기함에 '십자가기'와 '초승달기'가 펄럭이고 있었기 때문에 이 전투는 '마스트(Mast 또는 Phoenix) 전'이라 불린다.

전투가 막바지에 이를 무렵 비세에 몰린 콘스탄티노스 2세는 1,000여 척의 함선을 집결시켜 전세를 역전시키려 했지만 결국 200여 척의 아랍-이슬람 함대에 패했다(655). 비잔틴 전선 500여 척이 침몰하고 콘스탄티노스 2세는 간신히 목숨을 구해 콘스탄티노플(비잔티움)로 퇴각했다. 비잔틴 제국은 상당한 손실을 입었지만 심해(深海) 해전에서 처음으로 승리한 아랍 측의 피해 또한 적지 않았다. 이슬람과 비잔틴. 두 제국의 각축장으로 변해가던 동지중해 역사의 한 전환점이 된 마스트 전은 비잔틴 제국의 패배로 끝났지만, 이 전쟁은 지중해 제해권을 놓고 양측이 오랫동안 펼쳐갈 격렬한 대결의 결말을 예고해준 것 같았다.

비잔틴 제국에겐 다행히도 아랍-이슬람은 마스트 전 이후 제4대 칼리파 알리(Ali ibn Abi Tālib)와 (그를 타도하고 우마야드 조를 연) 무아위야 사이의 사활을 건 권력 투쟁에 휩싸였고, 비잔틴 제국은 패전의 상처를 치유할 수 있는 시간을 벌 수 있었다.

하지만 무아위야가 660년에 알리와 추종자들을 구축하고 다마스쿠스에서 우마야드 조를 열면서 지중해, 특히 동지중해의 비잔틴과 이슬람의 대결 양상은 달라지기 시작했다. 비잔틴 제국에서는 콘스탄티노스 2세가 시라쿠사에서 암살당한 후 제위를 계승한 콘스탄티노스 4세(Konstantinos IV, 668~685)가 수도를 다시 콘스탄티노플로 옮겼다. 하지만 정국이 완전히 안정된 상태는 아니었다.

따라서 이슬람 측은 그야말로 좋은 기회를 얻었던 것이다. 669년에 시칠리아를 공격하는 등 다시 지중해로 눈을 돌린 북아프리카의 아랍-이슬람 군은 튀니지에 알-카이라완 요새를 건설해 아프리카와 지중해 진출의 거점으로 삼았다.

하지만 아랍-이슬람의 주된 공격 대상은 역시 콘스탄티노플이었다. 669년에 비잔틴 제국의 칼케돈이 아랍 군의 공격을 받았고, 672년에는 크레타와 로도스가 공격받았다. 673년에 드디어 마르마라 해에 진출한 아랍-이슬람 함대는 콘스탄티노플을 해상봉쇄한 다음 대규모 공격을 감행했다. 이슬람은 7년여에 걸쳐 콘스탄티노플을 해상봉쇄하고 공격했지만 뜻을 이루지 못했다.

콘스탄티노플을 구한 것은 건축가 칼리니코스(Kallinikos)가 발명한 것으로 알려진 비잔틴 제국의 신무기 '그리스의 불(Greek fire: 소나무진·나프타·황·초석 등 혼합가연성물질을 폭발시킨 후 금속조각과 함께 화염을 분출시켜 멀리 있는 적선까지 공격한 무기)'이었다. '그리스의 불'은 당시 콘스탄티노플을 포위한 일부 아랍 측 전선을 불태워 침몰시켰다. 침몰을 면한 나머지 배들도 퇴각하다 폭풍을 만나 거의 전멸했다. 이리하여 아랍-이슬람은 콘스탄티노플 함락이란 꿈을 훗날로 미루어야 했을 뿐만 아니라 그들의 동지중해 제해권이 입은 심각한 손실을 감내해야 했다.

하지만 정치적 안정을 회복한 우마야드 조는 다시 에게 해 진출과 콘스탄티노플의 함락을 시도했다. 이슬람은 672년에 전함 세 척을 에게 해에 파견했다. 무함마드(Muhammad ibn Abdullah)가 지휘한 전함은 스미르나에 주둔해 비잔틴 군을 공격하며 그곳에서 겨울을 났다. 카이스(Abdullah ibn Qays)의 전함 또한 남소아시아의 리키아와 킬리키아 해안에 머물렀는데, 우마야드 조의 무아위야는 칼리드(Khalid) 휘하의 전함을 추가로 파견해 그들과 합세하게 했다.

다음 해인 673년에는 구아나다(Guanada ibn Abu Umayya) 휘하 이슬람 함대가 알레포 서쪽 킬리키아의 타르수스와 로도스를 점령했다. 로도스를 잃자 비잔틴 제국은 특히나 심대한 타격을 받았다. 소아시아 근해의 로도스 섬은 콘스탄티노플-시리아 항로의 요충지였기 때문이다. 이미 소아시아 해안에 교두보를 마련한 바 있는 이슬람은 에게 해의 요충지 로도스를 그들의 중요한 수군기지로 만들어갔다. 그들은 로도스에 1만 2,000명의 군대를 주둔시키는가 하면 주변 지역을 약탈하기 위해 기동력 있는 소함대를 항상 대기시켰다. 그들은 또한 농사를 짓고 가축을 사육하는 등 로도스를 완전히, 그리고 영구히 소유하려 했다.

이제 아랍-이슬람 측이 시도할 콘스탄티노플에 대한 공격은 한층 더 용이해졌다. 한 걸음 더 나아가 마르마라 해의 아시아 쪽 땅으로 콘스탄티노플을 마주보고 있는 키지쿠스 반도까지 장악한 그들은 봄이 되자 콘스탄티노플 성벽을 공격했다. 비잔틴 제국이 아랍-이슬람에 대해 느끼는 공포는 점차 무서운 현실로 바뀌어갔다.

이슬람의 에게 해 진출을 우려하며 주시하던 콘스탄티노스 4세는 함선을 증강하는가 하면 서둘러 군사력을 확충했다. 그중에는 새로운 병기인 '그리스의 불'을 이용하기 위한 장비도 들어 있었다. 비잔틴 제국은 이집트의 이슬람 군을 공격하는 등 로도스를 영구적 수군기지로 만들려는 아랍의 기도를 무산시키려 했지만 성공하지는 못했다. 그러나 제국의 지상군은 소아시아에 상륙한 아랍 군을 일시 퇴치하는데 성공했다.

아랍-이슬람이 벌인 콘스탄티노플에 대한 수차례의 공격 끝에 674년, 드디어 본격적인 포위·공격이 시작되었다. 이슬람 측은 672년과 673년에 비잔틴 제국의 해역을 공격했으나 결정적 승리를 거두지는 못했다. 그러던 중 육전(陸戰)에서도 비잔틴 제국에 패하자 이슬람은 그들과 평화조약을 체결한 후 에게 해에서 일시 퇴각했다.

그 무렵 이슬람 지배층은 곧바로 내분에 휩싸이고 말았다. 그러나 이들은 내부 상황이 좋지 않음에도 콘스탄티노플 장악이라는 목표를 포기하지 않았다. 전력을 보완하던 이슬람은 674년에 다시 대군을 동원해 콘스탄티노플을 포위·공격했다. 하지만 이슬람 측이 콘스탄티노플에 대해 벌인 첫번째 대규모 포위·공격은 별다른 전과를 거두지 못했다.

새로이 콘스탄티노플을 공격하기 위해 나선 이슬람의 동

에게 해 함대는 674년 초에 마르마라 해까지 진출했다. 콘스탄티노플 측은 다시 크나큰 위기에 봉착했다. 아랍 군은 그해 4월에 마르마라 해 서남쪽의 헵도몬에서 멀지 않은 트라키아 해안에 상륙했다. 콘스탄티노플의 해상관문과 주변의 요충지들을 장악한 아랍 군은 9월에 이르기까지 크고 작은 공격을 멈추지 않았다.

비잔틴 제국 측 「연대기」에 따르면 골든 게이트와 마르마라 해 서남쪽 키클로비온 사이에서 아침부터 저녁까지 매일 전투가 벌어졌다. 겨울이 되자 아랍 군은 마르마라 해와 보스포루스 해의 추위를 피해 키지쿠스로 퇴각해 월동했다. 675년 초에 콘스탄티노플 공격을 재개한 이슬람 군은 여름 내내 공격을 멈추지 않았다.

뒤이어 카이스와 파드할라(Fadhala Ubyad)가 크레타를 점령하자 아랍 군은 에게 해 중심지에 튼튼한 군사기지를 마련할 수 있었다. 이슬람 해군은 겨울에도 이제 시리아 해안으로 퇴각하지 않고 그곳에 머물렀다. 말리크(Malik ibn Abdullah)도 같은 해에 소아시아를 침공했다. 크레타에 머물던 카이스는 다음 해부터 공세를 한층 더 강화해 비잔틴 제국 해역을 공략했다.

한편 파상적으로 침공하는 아랍 군을 퇴치하느라 여력이 없던 비잔틴 제국은 설상가상으로 북쪽의 적들과도 싸워야

했다. 데살로니카로 침공한 슬라브 족과 비잔틴의 이탈리아 령을 위협한 롬바르디아 족이 그들이었다. 특히 슬라브 족은 북쪽 국경지대를 자주 침범했다. 주적은 물론 아랍-이슬람이 었지만 북쪽 국경을 위협하던 슬라브 족 또한 비잔틴의 군사 력을 분산해 약화시키는 데 한 몫을 했다. 콘스탄티노스 4세 는 677년 늦가을에서 678년 초에 걸쳐 아랍 군의 포위·공격 을 벗어나기 위해 정면돌파를 시도했다. 주된 무기는 '그리 스의 불'이었다.

비잔틴 해군은 당시로서는 가공할 신무기인 '그리스의 불'로 적의 함대를 맹렬히 공격했고, 적의 화공(火攻)과 추 위에 시달리던 이슬람 군은 결국 퇴각했다. 아랍-이슬람 군 은 40여 년 후의 콘스탄티노플 포위·공격에서도 마르마 라와 보스포루스 해의 겨울 추위로 고전했지만, 677년 늦 가을과 678년 초봄에도 그들은 추위로 고통 받았다. 아랍 의 「연대기」는 이슬람 군 사령관 야지드(Yazid ibn Shagara) 가 677~678년의 공방전에서 전사한 것으로 전한다. 수피안 (Sufyan ibn Awf) 휘하의 소아시아 아랍 군도 비잔틴 군에 대 패했다. 유럽 측 기록에 따르면 당시 3만여 명의 아랍-이슬 람 병사들이 전사했다.

아랍-이슬람은 678년에 결국 콘스탄티노플 포위·공격 을 중단하고 군대를 철수시켰다. 하지만 퇴각하던 아랍 군은 소아시아 남해안 실라이온에서 격심한 폭풍우를 만나 거의 전멸했다. 참담한 패전으로 군사·경제적으로 큰 손실을 입은 무아위야는 비잔틴 제국에 화의를 제의했고, 다음 해에 양국은 평화조약을 체결했다. 당시로서는 비교적 장기간인 30년 동안 효력을 발휘하게 될—그러나 양측의 화평관계는 오래가지 못했다—평화조약으로 인해 아랍의 칼리파는 매년 3,000노마스마타(nomismata: 비잔틴 제국의 금화), 노예 50명, 말 50두를 비잔틴 제국에 제공하고, 이슬람 수비대는 비잔틴 제국의 해안(로도스 섬 포함)에서 철수하게 되었다. 방어자가 아니라 공격자였던 아랍으로서는 굴욕적인 조약일 수도 있지만 무아위야에게는 정치 안정과 군사적 재기를 위한 시간이 필요했던 것이다.

718~719년의 콘스탄티노플 포위·공격

우마야드 조 아랍-이슬람은 718~719년에 다시 대군을 동원해 콘스탄티노플을 포위·공격했다. 그야말로 20여 년에 걸친 콘스탄티노플에 대한 공격의 결정판이었다. 이슬람 세계로서는 콘스탄티노플을 손에 넣고 비잔틴 제국을 무너뜨리는 것이 예언자 무함마드가 부여한 일종의 역사적 과업이었다. 아랍은 718년에 본격적인 포위·공격에 앞서 수륙양면에 걸쳐 콘스탄티노플 부근으로 침투했다(717년 초). 마스라마(Maslama ibn Abd al-Malik) 휘하의 무슬림 군이 먼저 비잔틴령 소아시아에 침공했다.

그 무렵 콘스탄티노플에서는 이사우리아의 레오(Leo)가 테오도시우스 3세(Theodosios III, 715~717)에 반기를 들고 봉기했다. 비잔틴 제국의 분열을 부추겨 세력을 약화시키려던 아랍-이슬람은 레오를 지원하기 위해 출전했지만, 레오는 오히려 아랍 군과 싸우며 황제 테오도시우스를 지원했다. 이슬람 군은 717년 초여름, 트라키아에 진출해 성을 쌓았다. 그들은 지상군을 상륙시켜 도시를 포위하려 했지만 비잔틴 함대의 '그리스의 불'을 이용한 공격으로 인해 패퇴했다. 그리하여 콘스탄티노플은 다시 해상 보급로를 보전할 수 있었지만 아랍 지상군은 긴 겨울을 추위와 기근에 시달려야 했다.

아랍-이슬람 측이 콘스탄티노플 포위·공격 작전을 본격적으로 펼치기 시작한 것은 718년 봄이었다. 증원군으로 파견된 두 함대가 에게 해를 지나 마르마라 해로 진입했다. 비잔틴 제국도 동원 가능한 모든 수군과 지상군을 투입했고, 이어 제국의 운명이 걸린 콘스탄티노플 공방전이 벌어졌다.

8세기에 기록된 아랍 측 「연대기」인 『주크닌 연대기(Zuqnin Chronicle)』는 이슬람 측 전사의 수가 셀 수도 없이 많았다고 전한다. 10세기와 12세기의 아랍 연대기 작가들은 각각 아랍-이슬람 측 전사가 12만 명과 20만 명에 달했다고 전하고 있다. 비잔틴의 「연대기」 작가 테오파네스(Theophanes)에 따르면 아랍 측이 동원한 함선은 1,800척이었다. 각각의 「연대기」에 기록된 사실이 모두 정확하지는 않은 듯하지만, 아랍의 군세가 비잔틴을 압도한 것은 사실인 것처럼 보인다.

병약한 칼리파 술라이만(Sulayman ibn Abd al-Malik, 715~717)의 동생으로 아랍 군을 지휘한 마스라마는 718년 초여름 함대를 프리키아로 진입시켜 자국 지상군이 아비도스에서 다다넬스 해(헬레스포트)를 건널 수 있게 했다. 콘스탄티노플을 향한 아랍 군의 진군이 다시 시작된 것이다. 그들은 도처의 농촌을 약탈하고 도시들을 파괴했다.

7월과 8월에 이르러 이슬람 군은 콘스탄티노플에 도달했다. 그들은 2중의 석성을 쌓고 그 사이에 캠프를 쳤다. 아랍 측 기록에 따르면 다급해진 레오 3세(Leo III, 717~741)는 이슬람 측에 주민 전체 몫의 금화를 지불하는 조건으로 화평을 제의했다. 하지만 마스라마는 패자와의 평화는 없다며 평화 제의를 일축했다. 마스라마는 그때 아랍 군의 콘스탄티노플 수비대가 이미 선발되어 있다고 말하는 등 자신의 승리를 확신했었다.

9월 1일 술레이만(Sulayman ibn Mu'ad)의 함대도 가세했다. 콘스탄티노플에 가까운 헵도몬 부근에 정박했던 그의 함대는 이틀 후 보스포루스 해에 나타났다. 그는 휘하의 소형 전선들을 콘스탄티노플의 유럽과 아시아 쪽 해안에 정박시켰다. 또 다른 전선들은 콘스탄티노플 건너편에서 보스포루스 해를 내려다볼 수 있는 칼케돈 남쪽에 정박했다. 나머지 전선들도 마르마라 해를 거슬러 올라가 갈라타-클레이디온 사이 해안에 상륙했다. 갈라타는 콘스탄티노플의 흑해 쪽 관문이다. 그렇게 함으로써 콘스탄티노플과 흑해 사이의 교역로도 완전히 차단됐다. 이미 육지를 봉쇄당한 콘스탄티노플은 마르마라 해와 보스포루스 해에다 갈라타까지 빼앗겨 해상과 육상 교역로 모두를 상실해 고립된 상황이었다.

신은 아랍-이슬람 전사들에 등을 돌린 대신 비잔틴 군의 손을 들어주려 했던 것일까? 2,000여 명의 수군을 실은 20여 척 규모의 아랍 측 함대가 콘스탄티노플 앞의 보스포루스 해협을 지날 때 약하게 불던 남풍이 갑자기 북풍으로 변해 아랍 함대를 성벽으로 밀어붙였다. 함선의 대열이 흩어지고 병사들이 혼란에 빠졌을 때를 놓치지 않고 비잔틴 군이 '그리스의 불'을 앞세워 거세게 공격했다. 아랍-이슬람 군이 대패하는 순간이었다. 테오파네스는 수많은 이슬람 군이 바다로 뛰어들어 익사하거나 불타 죽었으며 간신히 생명을 건진 자들은 남쪽의 프린세스 제도로 도주했다고 전한다.

아랍-이슬람 군은 당초 밤을 타서 콘스탄티노플 성벽에

함선을 접안한 후 함선의 조종 페달을 사다리로 이용해 성벽을 넘을 계획이었다. 하지만 레오 3세는 이미 콘스탄티노플-갈라타 사이에 체인을 설치해 금각만(Golden Horn) 입구를 봉쇄했고, 이로 인해 아랍 군의 밤중 콘스탄티노플 성벽 공격은 불가능했었다. 아랍 군은 뜻하지 않게 대승을 거둔 비잔틴 군의 계속된 공격을 받았다. 가능한 한 싸움을 피하려한 아랍 전사들은 흑해로 이어지는 보스포루스 해의 유럽 쪽 해안인 소스데니온으로 퇴각했다.

당시 트라키아에 진출해 요새를 건설한 이슬람 지상군은 충분한 군수품을 비축해둔데다 주민들로부터 약탈한 농지에 밀을 심는 등 다음 해를 대비하기도 했다. 하지만 아랍 해군의 패전은 트라키아에 주둔한 지상군에게도 재앙이었다. 아랍 지상군은 해전에서 승리한 비잔틴 전사들에 저항했지만 패했다. 트라키아에 상륙한 비잔틴 군은 아랍 지상군의 캠프를 약탈했다. 아랍 지상군은 더불어 식량과 의복 등 군수품의 심각한 부족에 시달려야 했다. 트라키아의 농촌을 이미 폐허로 만들어버린 그들은 군량미를 자체 조달할 수도 없었다. 콘스탄티노플의 아시아 쪽 교외에 주둔해 있던 이슬람 지상군과 적의 공격권 바깥에 있던 아랍 함대들이 마스라마의 지상군에 제한적이나마 군수품을 제공할 수 있었다.

아랍-이슬람 측 기록에 따르면 겨울철로 접어든 후 양측이 협상을 시작했다고 하나 비잔틴 측 역사가들은 이를 부정한다. 협상이 있었는지 확인할 수는 없지만, 718년 겨울에 콘스탄티노플 지역이 혹독한 추위에 시달린 것은 분명하다. 아랍 군 캠프는 3개월 가까이 눈에 덮여 있었다. 추위와 배고픔, 그리고 전염병으로 인해 죽어가던 무슬림 전사들은 말과 낙타를 잡아먹는가 하면 풀뿌리를 찾아 눈을 헤치고 다녔다. 심지어 동료의 살을 먹기도 했다고 한다. 크게 과장되었겠지만 파울(Paul the Deacon)은 기아와 질병으로 죽은 아랍-이슬람 전사자들이 30만 명이었다고 전한다.

새 칼리파 우마르 2세가 무슬림 전사들을 구하기 위해 함대 두 척을 파견했다. 두 함대에 속한 이집트 전선 400여 척과 아프리카 전선 300여 척이 군수품과 증원군을 싣고 마르마라 해로 향했다. 두 함대는 보스포루스 해에 진입했지만 비잔틴 군과 일정한 거리를 유지하면서 보스포루스 해의 유럽과 아시아 양쪽 해안에 정박했다. 때맞추어 일군의 아랍 지상군도 소아시아를 향해 진군했다.

안전한 정박지를 확보하는 등 수습할 시간을 아랍-이슬람에게 주지 않으려던 레오 3세는 즉각 아랍 함대를 공격했다. 일부 전사의 이탈과 '그리스의 불'을 이용한 공격에 제대로 대응하지 못한 아랍-이집트 함대는 크게 파괴됐다. 비잔틴 군은 다수의 무슬림 전사를 생포하고 다량의 군수품을

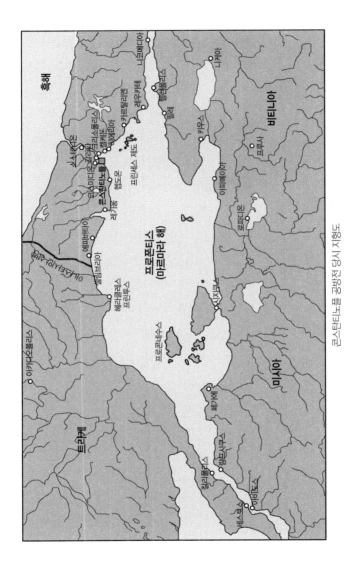

흑해

니코메디아

나게아

니코폴리스

릴라우카테

카리폴리스

카드로블리렌

칼레디아

유스티노 우라

콘스틴타노플

콘스탄티노플

프리세스 제도

렘도르

레기온

마르게레

포르몬

이카페에

이아큼

미아타아

헤라클레스
프리룰루스

프로콘네수스

아라다오폴리스

트라케

세스토스

아바도스

칼리폴리스

림노사쿠스

페가에

마케에

프로폰티스
(마르마라 해)

아차스

비지케

보파티온

이마페이아

카우스

말레

아이가이온 해협

마시아

나코메디아

프루사

아나게니나

콘스탄티노플 공방전 당시 지형도

53

탈취했다. 이슬람 지상군 또한 흑해를 바라보는 니코메디아 남쪽의 소폰에서 비잔틴 군의 매복 작전에 걸려 큰 손실을 입었다.

비잔틴 제국 전사들이 대적하기 어려운 아랍-이슬람 군과 싸워 승리한 데에는 불가르 군의 원조도 한몫을 했다. 40여 년 전 아랍과 비잔틴의 콘스탄티노플 공방전 때 비잔틴의 북쪽 국경을 침범했던 불가르 군이 이번엔 비잔틴 군을 도와 아랍 군을 공격했다. 테오파네스에 따르면 불가르 군은 이슬람 군과 싸워 2만 2,000명을 전사시켰다. 비잔틴 제국과 동맹한 불가르의 이슬람 군 공격은 717~719년 아랍-비잔틴 전쟁의 마지막을 장식한 셈이다. 하지만 불가르 군이 이슬람 군 캠프를 공격한 것이 비잔틴-불가르의 계획적 연합 작전인지, 퇴로를 찾아 헤매던 아랍 군이 불가르 군과 잘못 조우한 결과인지 명확하지 않다고 한다.

한편 우마르 2세는 콘스탄티노플 포위·공격의 완전한 실패를 자인하고 사령관 마스라마에게 전면적 후퇴를 명했다. 13개월에 걸친 전투에서 인적·물적으로 많은 손실을 입은 이슬람 군은 719년 8월 15일부터 본격적으로 퇴각하기 시작했다. 8월 15일은 마침 동방정교회의 '성모몽소승천축일(Dormition)'이었고, 콘스탄티노플 시민들은 힘겹게 거둔 빛나는 승리를 성모의 은총으로 돌렸다.

퇴각하던 아랍 군은 비잔틴 군의 추격을 받지는 않았으나 마르마라 해를 강타한 폭풍우로 인해 다시 다수의 전함을 잃었고—678년의 후퇴 때와 유사하다—나머지 전선들은 남(南)에게 해 산토리니 화산의 화산재 때문에 불에 타고 말았다. 그리고 전선을 탈출한 아랍 군의 일부 생존자는 비잔틴 군에 생포되었다. 테오파네스는 다섯 척의 전선만이 시리아에 귀환했다고 기록했고, 아랍 측의 기록은 15만 명의 무슬림 전사들이 그 전쟁에서 목숨을 잃었다고 전한다.

아랍-이슬람의 이베리아-남프랑스
진출과 투르 전투

콘스탄티노플 포위·공격 실패와 동지중해에서의 퇴각은 아랍-이슬람 세계가 지닌 북아프리카에서의 입지까지 약화시켰다. 북아프리카 아랍 군은 알-카이라완 요새를 거점으로 삼아 베르베르 족을 복속시켰지만 비잔틴 제국의 해안도시들을 장악하지는 못했다.

아랍의 북아프리카 사령관 나피(Uqba bin Nafi)는 681년, 대서양 연안까지 진출했지만 고통스런 반격을 당해야 했다. 코사일라(Kosaila)가 지휘한 베르베르 족이 반란을 일으켰고, 해안요새에서 농성하던 비잔틴 제국 병사들이 기회를 놓치지 않고 그들과 합세해 배후를 공격한 것이다. 나피는 전사하고, 비잔틴-베르베르 연합군은 여세를 몰아 683년에 알-카이라완을 함락시키며 무슬림 전사들을 이집트 국경 바르카까지 밀어내었다.

그러나 우마야드 조의 새 칼리파 알 말리크(Abdul al-Malik, 685~705)는 688년과 689년에 북아프리카를 정복하기 위해 다시 대군을 파견했다. 아랍-이슬람 군은 초전에 승리해 알-카이라완을 다시 장악했으나 이번에도 배후를 공격한 비잔틴 군에 밀려 후퇴해야 했다. 하지만 알 말리크는 북아프리카 정복을 포기하지 않았다.

그는 693년에 4만 명의 대군을 동원해 다시 북아프리카로 진격케 했다. 새 사령관 누만(Hassān bin Nu'mān)이 베르베르족을 회유하는 데 성공한데다 비잔틴 제국의 내부사정도 아랍 측을 도왔다. 황제 유스티니아누스 2세(Justinianos II, 669생~712몰)의 거듭된 실정은 소아시아 함대의 반란을 불러왔다.

이로 인해 황제는 실각해 코까지 베인 후 추방되고 레온티오스(Leontios)가 695년에 새로운 황제로 즉위했다. 비잔틴의 방위력은 현저히 저하되었고 결국 제국의 아프리카 거점인 카르타고는 698년의 격전 후 아랍 측이 점령했다. 아랍 측 전사들은 여왕 카히나(Kāhina)에 충성하며 저항하던 베르베르 족들도 굴복시켰다.

알 말리크는 뒤이어 누사이르(Mūsā bin Nuṣayr)를 아프리카의 총독으로 임명하고, 그에게 수군기지와 함선의 건조를 명했다. 그리하여 이슬람 측은 종래의 시리아-이집트 함대에다 튀니스를 기지로 삼은 북아프리카 함대를 보유하게 되었고, 그로 인해 비잔틴 제국이 지중해에서 지닌 입지는 더욱 흔들리게 되었다.

베르베르 족을 굴복시킨 누사이르는 결국 이집트에서 모로코에 이르는 북아프리카 전체를 점령하는 데 성공했다. 그리고 이슬람 전사들은 지브롤터 해협—'지브랄타르 (Gibraltar)'는 '타리크의 산'이라는 뜻의 아랍어에서 유래한 스페인어다—을 건너 남부 프랑스로 쇄도해 들어갔다. 마침내 북아프리카에 이어 이베리아 반도까지 장악하는 데 성공했지만 이에 만족하지 못하고 프랑스 남부지방으로 진격한 아랍-무어 이슬람[17]이 투르에서 프랑크 군에 패퇴하는 모습을 아래에서 살펴보기로 하자.

이슬람 세계로 변한 이베리아 반도와 지중해

튀니지와 알제리에 이어 모로코 등 북아프리카의 대부분을 단숨에 차지한 이슬람 전사들은 지브롤터 해협을 건너 이베리아 반도에 상륙했다. 이슬람교로 개종한 베르베르 족도 아랍 전사들과 합세해 지브롤터 해협을 건넜다. 북아프리카 총독 누사이르의 부장이었던 타리크(Tāriq ibn Ziyad: 누이 사르의 해방노예였다는 설도 있다)는 711년 4월 말에 주로 베르베르 족으로 편성된 7,000여 명의 전사와 함께 지브롤터 해협을 건너 타리크 산에 상륙했다. 바야흐로 무슬림의 이베리아 반도의 정복이 시작되었던 것이다.

그때 이베리아 반도를 지배하던 서고트 왕국은 왕위를 놓고 귀족들이 대립하는 등 정치 혼란에 빠져 있었다. 거기다 서고트 족의 지배에 저항하던 원주민 켈트 족과, 종교적 박해에 시달리던 유대인이 타리크와 베르베르 전사를 환영했다. 타리크는 서고트 왕국 최후의 왕인 로데리고(Roderigo)의 1만여 군대를 패퇴시킨 후 북진을 계속해 그라나다·코르도바·톨레도 등지를 점령했다.

예상 밖의 성공에 고무된 누사이르도 튀니지·알제리·모로코의 무어 족 5,000여 명을 이끌고 이베리아 반도로 건너가 세비야·메리나·시도니아·사라고사를 점령한 다음 칼리시아의 아스투리아스 공국을 괴멸시켰다. 그리하여 719년을 전후해서 서고트 왕국은 사라지고 이베리아 반도는 무슬림의 땅이 되었다. 서고트 왕국의 일부 호족들은 이슬람교로 개종하고 공납을 납부함으로써 자신들의 영지를 보유할 수 있었다.

아랍–무어 전사들은 거기서 그치지 않고 피레네 산맥을

넘어 프랑크 왕국으로 진격했다. 720년에 피레네 산맥을 넘은 무슬림 전사들은 남프랑스로 쇄도했다.

처음 아랍-무어 전사들에 맞서 싸운 프랑크 군은 아키텐 공(公) 오도(Odo; Eudes) 휘하의 전사들이었다. 오도의 저항으로 툴루스는 가론 강을 따라 올라온 아랍-무어 군에 점령되는 것을 면했다. 오도는 이베리아(안달루시아) 총독 말리크(Al-Samh ibn Malik)의 공격이 임박하자 정적인 파리의 카롤루스(Carolus Martel)[18]에게 원조를 요청했다. 하지만 사태의 추이를 지켜보기로 한 카롤루스는 원군을 보내지 않았다. 카롤루스의 원군을 기대할 수 없게 된 오도는 6월 초에 툴루스를 포위한 아랍-무어 군에 선제공격을 가했고, 아랍-무어 군은 그들을 포위해 공격했다.

오도는 툴루스 전투에서 아랍-무어 군에 효과적으로 저항했다. 오도는 포위망을 좁히며 공격해 오는 무슬림 군을 깊숙이 끌어들여 역습하는 유인작전을 성공시켰다. 도주하던 적이 갑자기 돌아서서 반격하자 아랍-무어 군은 큰 혼란에 빠졌고 결국 패배했다. 다수의 이슬람 군은 전사하거나 생포되었으며 상당수의 무기도 포기해야 했다. 말리크는 그때 중상을 입고 사망했다.

하지만 그 후에도 남쪽의 이슬람 군은 물론 파리의 카롤루스로부터도 위협을 받던 오도는 결국 베르베르 족 이슬람과 동맹해 그들을 남프랑스로 끌어들였다. 메로빙거 조 프랑크 왕국의 실권자였던 궁재 카롤루스에 맞서 저항하던 오도는 역시 카롤루스와 반목하던 네우스트리아[19]와 합세해— 당시의 메로빙거 조 프랑크는 프랑스 전역을 지배하는 통일 국가가 아니었다—카롤루스와 2년여에 걸쳐 싸웠다. 그러나 네우스트리아와 맺은 연합도 결국 무위로 끝나고 말았다.

패배한 오도는 720년에 프랑크 왕국의 카롤루스와 화약을 맺었지만 그의 권력 기반은 여전히 불안한 상태였다. 오도는 툴루스에서 아랍-무어 군을 힘겹게 격퇴했지만, 721년 이래 광포한 아랍-무어 군의 직접적 위협 아래 여전히 놓여 있었다. 거기다 프랑스 남부의 나르본을 장악하고 거점으로 삼아 주변 지역을 약탈하던 이슬람 군은 725년에 부르군드의 오툉까지 진출해 약탈을 자행했다. 무슬림은 바다를 통해 나르본으로 충분한 군수물자를 실어올 수 있었다. 아랍 중기병은 남프랑스 여러 곳을 폐허의 땅으로 만들어가며 약탈을 멈추지 않았다.

그처럼 카롤루스의 프랑크 군과 말리크의 아랍-무어 군 양측으로부터 위협받던 오도는 프랑크 인이 무누자(munuza)로 부르던 베르베르 족장(emir) 우트만(Uthman ibn Naissa)과 동맹했다. 우트만은 730년에 오도의 혼외 여식 람파데와 결혼했다. 우트만으로서는 동맹 강화 뿐만 아니라 인질 확보

방책이기도 했다.

우마야드 조의 지배층 아랍인은 그 무렵 베르베르 족에게 많은 세금을 부과하고 노예로 삼는 등 그들을 2류 무슬림으로 취급했다. 따라서 베르베르 족은 739~740년에 '이바딘(ibadin) 무슬림[20]'의 기치를 걸고 반란을 일으키기도 했다(베르베르 족은 이베리아 반도 이슬람의 중심세력이 되지 못했으므로 우리는 여기서 '아랍-무어-베르베르'가 아니라 '아랍-무어'로 표기하기로 한다).

우트만의 위세는 그리 길지 못했다. 오도에겐 불운이었지만 우트만은 독자 세력화를 기도하다가 —그는 이스파니아·베르베르 공국을 세우려 했다— 제거되었기 때문이다. 안달루시아의 새 총독 알 라만(Abd ar-Raḥmān)은 독립을 기도하며 반기를 든 우트만을 우월한 군사력으로 제거해버렸다. 알 라만은 오도의 누이를 생포해 다마스쿠스로 보냈다. 피레네 산맥 북쪽 땅 정복을 기도하던 알 라만은 거기서 그치지 않고 우트만과 동맹했던 오도를 압박했으며, 크나큰 위기에 처한 오도는 카롤루스에게 다시 원조를 청했다.

아랍-무어 이슬람 군과 프랑크 군의 투르 전투

기회를 엿보던 알 라만은 결국 아키텐을 목표로 삼고 대군을 동원했다. 그는 732년―733년이라는 설도 있다―에 이슬람 군 선발대가 이미 침투해 있던 루아르 강변으로 진격했다. 아랍-무어 군 선봉대는 여러 부대로 분산해 진격했다. 오도 휘하 전사들의 저항에 부딪치기도 했지만, 그들은 저항을 가볍게 일축하고 주변 농촌을 약탈하며 진격했다.

반면 알 라만의 주력군은 천천히 진군하면서 수확기에 이른 밀을 빼앗아 군량미로 삼았다. 오도의 전사들은 푸아티에와 투르에 가까운 보르도에서 아랍-무어 군에게 크게 패했다. 전사들의 대부분은 전사하거나 도주해 흩어졌다. 당시의 아랍 측 기록은 "모든 것을 집어삼키는 폭풍우처럼 군대가 쇄도했다"고 전한다. 보르도 지역을 약탈한 이슬람 군은 가론 강 유역에서 다수의 기독교도들을 무참히 살해했다.『모자라빅 연대기(*Mozarabic Chronicle*; *Continuatio Hispana*: 작자 미상으로 754년에 아랍 지배하의 스페인에서 라틴어로 씌어졌다. 목격자의 기록으로 여겨질 만큼 신빙성이 높은 것으로 평가받는다)』는 처참한 학살에 희생된 자들의 수에 대해 "신만이 안다"고 기록했다.

아키텐의 수도원들도 약탈에서 벗어날 수 없었다. 당시 알 라만은 아랍의 중기병, 베르베르의 경기병, 여타의 무어족 전사들을 투입했다. 압도적 군사력을 동원했지만 힘들이지 않고 보르도를 장악한 그는 프랑크의 중심부로 연결되는 투르로 쇄도했다.

프랑크 왕국의 카롤루스도 결국 오도의 원조 요청을 받아들여 군대를 이끌고 왕국의 남쪽 투르로 향했다. 가론 강 유역 전투에서 오도를 타도한 알 라만이 대군을 동원해 자국의 남부 지역은 물론 심장부까지 위협하고 있어 카롤루스도 더 이상 두고 볼 수 있는 상황이 아니었기 때문이다. 그리하여 알 라만의 중무장 기병대와 카롤루스의 중무장 보병—기병이라는 설도 있다—이 전의를 불태우며 투르에 진을 쳤다. 프랑크 군이 그리 높지 않은 언덕에 자리 잡은 반면 아랍-무어 군은 조금 떨어진 평지에 캠프를 쳤다. 양측이 사활을 건 전투를 벌이는 것은 시간문제일 뿐이었다.

양측 모두 대군을 동원했지만, 중세의 자료가 전하는 수와 오늘날의 역사가들이 제시하는 자료 사이에는 상당한 차이가 있다. 『모자라빅 연대기』나 중세 라틴어 자료는 프랑크 군이 3만여 명이었다고 기록한 데 반해 아랍-무어 군은 배가 넘었다고 전한다. 현대의 역사가들 또한 양측 병사의 숫자를 놓고 엇갈린 견해를 내놓는다. 일부 역사가는 이슬람 군이 약 8만 명이었던 데 반해 프랑크 군은 3만 명 정도였던 것으로 평가한다. 또 아랍-무어 군이 2만에서 8만 명 사이였다고 보기도 한다. 또 다른 역사가는 이슬람이 40만에서 60만 명에 이르는 군세를 자랑한 반면 프랑크 왕국은 7만

5,000명의 병사를 동원했다고 주장하는데 이것은 지나치게 과장된 것 같다.

어떤 역사가는 양측이 비슷한 수의 전사들을 출전시켰고, 그 숫자는 대략 3만 명 정도였다고 한다. 그에 따르면 모두 6만여 명에 이르는 전사들이 투르—푸아티에란 설도 있다—에서 혈전을 벌인 것이 된다. 투르 전투에 동원된 병사의 수를 가장 낮게 잡는 현대 역사가에 따르면 프랑크 측이 1만 5,000명에서 2만 명을 동원했고 아랍-무어 측은 2만에서 2만 5,000명 정도를 투입했다고 한다.

오래전 일이고, 피아 구분이 어려운 혼전이 벌어지는 전투와 관련한 것이라 정확한 수를 파악하길 기대할 수는 없지만, 과거와 현대 할 것 없이 사가들이 제시하는 전사 수의 차이는 지나치게 크다. 특히 아랍-무어 군의 경우 60만에서 2만 명으로 제시되어 최고와 최하의 차이가 30배에 이른다.

연대기의 작가나 사가들은 가끔 전쟁의 규모를, 특히 적병의 수를 과장해 전하기도 한다. 고대 그리스의 사가 헤로도토스(Herodotos)의 경우 페르시아의 크세르크세스 1세(Xerxes I)가 세 번째 그리스 원정에 500만 명을 동원했고 병사와 말을 먹이느라 호수와 개천의 물이 말랐다고 전하지 않는가. 아마도 자기 편의 승리를 칭송하는 가장 좋은 방법 중의 하나가 적군의 규모를 크게 과장해 제시하는 것이리라.

카롤루스 휘하의 프랑크 군과 관련해서도 1만 5,000명에서 7만 5,000여 명으로 다양한 숫자가 제시된다. 위에서 본 것처럼 양측이 비슷하게 3만여 명의 전사를 동원했다고 주장하는 사가도 있지만 중세의 자료는 물론 대부분의 사가들은 아랍-무어 군이 더 많은 군대를 출전시킨 것으로 평한다. 아마도 5만에서 7만 명 정도의 전사들이 투르에서 사활을 건 혈전을 벌였겠지만, 아랍-무어 군이 수적으로 우세했던 것으로 보는 게 옳지 않을까 한다. 일부 서구의 사가들은 물론 『모자라빅 연대기』 또한 이슬람 군이 프랑크 군에 비해 적어도 '2 대 1' 정도는 우세했던 것으로 전하지 않는가.

투르에 진을 치고 상대방을 위협하던 이슬람교의 아랍-무어 군과 기독교의 프랑크 군은 732년 10월, 혈전을 벌이기 시작했다. 수적으로 열세인데다 보병 위주로 구성된 카롤루스의 군대는 적군이 보급품을 공급하는 길목을 차단했다. 적이 공격해 올 때까지 기다리는 지연전술을 편 것이다. 나무가 빽빽한 언덕을 선점한 카롤루스는 이슬람 군을 유인하려 했다. 수적 열세에다 중기병이 없던 프랑크 군은 중무장 보병을 밀집방진 형태로 배치해 이슬람 중기병에 맞섰다. 프랑크 군 중무장 보병의 무기와 갑주는 약 34킬로그램 정도의 무게였다고 한다.

기번(Edward Gibbon)을 비롯한 서구의 역사가들은 나무숲으로 덮인 언덕에 진을 치는 등 지형지물을 효율적으로 이용하며 적이 공격해 오기를 기다리는 지연전술로 최악의 상황에서 승리한 카롤루스의 뛰어난 지략을 예찬한다. 거기다 프랑크 군은 상대적으로 겨울 추위에 익숙한데다 겨울 전투에 대비했기 때문에 추위로 고통 받지는 않았다. 하지만 추위에 취약한데다 겨울 채비를 제대로 하지 못한 아랍-무어 군에게 유럽의 추위는 제3의 적과 같았다.

카롤루스의 지연전술이 결국 그에게는 물론 전체 유럽 기독교 세계에 승리를 안겨주었다. 증원군을 기다리며 7일 동안 소규모 공격으로 기회를 엿보던 알 라만이 드디어 대규모의 정면공격을 감행했다. 군세의 우위와 함께 중기병의 우세를 확신한 그는 전사들을 독려해 적의 밀집보병대를 향해 돌진했다. 프랑크 군의 군세를 제대로 파악하지 못했던 알 라만은 적진으로 돌진하는 상황에서도 나무와 숲 때문에 적군의 규모를 정확히 파악하지 못하고 있었다. 그럼에도 그는 돌격을 감행했던 것이다.

무슬림 중기병들과 카롤루스의 밀집방진 보병들은 생사를 건 싸움에 돌입했다. 하지만 아랍-무어 기병들은 프랑크 전사들 외에 또 다른 적과도 싸워야 했다. 바로 중기병의 기동력을 방해한 나무와 숲이었다. 혼전 중에도 피아의 구분이 비교적 쉬워 상호 공격대상을 오인하는 일은 거의 없었다. 치열한 전투는 적군과 아군을 가리지 않고 많은 사상자를 냈다.

기대하던 전과를 거두지 못한 알 라만은 휘하의 중기병을 거듭하여 적진으로 뛰어들게 했다. 하지만 중기병의 파상공격에도 적의 중무장 보병의 방진을 흩뜨리지는 못했다. 프랑크 군의 밀집보병 전단(戰團)으로 뛰어들어 카롤루스를 치려던 일단의 무슬림 기병은 프랑크 군의 결사항전으로 실패했다. 무슬림 기병은 당초 심각하게 고려하지 않았지만 나무와 숲이라는 거북한 장애에 막혀 전력을 제대로 발휘할 수 없었다. 『모자라빅 연대기』 754년의 기록이 묘사한 전장의 모습이다.

> 북방인들은 바다처럼 끄떡도 하지 않았다. 그들은 서로 밀착해 빙벽 같았다……. 지칠 줄 모르는 손들은 (적의) 가슴에 칼을 꽂았다.

아랍-무어 군과 프랑크 군의 치열한 정면대결 2일째. 수적 열세에도 불구하고 유리한 지형지물을 이용해 전투의 주도권을 장악한 프랑크 군 척후병과 별동대가 이슬람 군 캠프로 침투해 교란작전을 폈다. 그 무렵 프랑크 군을 향해 언덕으로 돌진하던 이슬람 중기병 중 다수가 완강한 저항에 부딪혔고, 일부는 전열을 벗어나 자국군의 캠프로 퇴각했다. 일부이긴 하지만 중기병이 어지럽게 퇴각하자 이슬람 군은 크나큰 혼란에 빠졌다.

사령관 알 라만도 적에 포위될 상황이었다. 아랍-무어 측에겐 불행하게도, 전열이 흐트러진 가운데 이슬람 중기병들이 일부의 이탈을 전면적 후퇴작전으로 오인하고 후퇴하기 시작했다. 알 라만이 가장 경계했던 끔찍한 광경이 바로 자신의 눈앞에 펼쳐진 것이다. 무질서하게 후퇴하는 가운데 다수의 전사들이 죽거나 부상당했다.

이슬람 측의 한 기록은 "모든 무리가 적으로부터 도망쳤고, 다수의 병사가 전사했다"고 전한다. 패색이 짙어진 상황에서 목숨을 구해 도주하던 이슬람 군은 생사의 위기에 처한 사령관도 구하지 못했다. 다수의 중무장 보병들에 포위된 상태에서 분전하던 알 라만은 그들의 칼에 찔려 전사했다. "중무장한 프랑크 군 한 무리가 라만의 가슴을 찔러 죽였다." 『모자라빅 연대기』의 754년 기록이다.

둘째 날 전투에서 크게 승리한 프랑크 군은 보병의 방진을 정비한 후 휴식을 취하며 밤을 보냈다. 물론 프랑크 군 지휘부는 주위에 대한 경계를 게을리하지 않았다. 그들은 적군이 다음 날 새벽을 그냥 보내지 않을 것이라 예상하고 경계병을 배치하는 등 방비를 튼튼히 했다. 하지만 다음 날 이슬람 군은 공격해 오지 않았다. 이슬람 군은 전날의 전투에서 크게 패한데다 사령관까지 잃어 이미 전의를 상실한 패잔병 무리에 지나지 않았던 것이다. 그들은 결국 피레네 산맥을 향해 남쪽으로 퇴각했다. 다시 『모자라빅 연대기』 754년의 기록을 인용해보자.

  "진실로 그들은 밤을 타서 빽빽한 대열을 지어 조용히 그
  들의 나라로 돌아갔다."

  아랍-무어 군이 투르 전투에서 프랑크 군에 참패한 것은 적에 대해 무지했기 때문이기도 하다. 프랑크 왕국도 이슬람 군에 관해 충분한 정보를 갖고 있지 않았지만, 이슬람 측은 프랑크 왕국에 대해 더 많은 걸 모르고 있었다. 알 라만과 그의 전사들은 투르 전투에 앞서 벌어진 오도와의 싸움에서 쉽게 승리한 것과 남부 프랑스 각지를 별다른 저항 없이 약탈할 수 있었던 것에 고무되어 있었던 것이다. 이슬람은 투르 전투 이후에야 프랑크 왕국은 물론 유럽의 여타 게르만 국가들에 대해 어느 정도의 정보를 얻을 수 있었다.

  아랍-무어 군은 인적·물적으로 큰 손실을 입었다. 프랑크 군도 숱한 전사자를 냈으나 아랍-무어 군은 사령관 알 라

만을 포함하여 많은 전사자를 남기고 퇴각했다. 투르에서의 승리로 프랑크 왕국은 프랑스 중심 지역까지 위협하던 아랍 세력을 피레네 산맥 너머로 쫓아내는 데까지는 성공했다. 하지만 남부 프랑스는 여전히 아랍인의 수중에 있었다.

한편 오늘날 당시 격전이 벌어졌던 곳이 어디였는지는 확인이 되지 않고 있다. 역사가들은 다만 투르와 푸아티에―클랭(Clain) 강과 비엥(Vienne) 강―사이였을 것으로 추정한다.

카롤루스는 기독교 프랑크 군과 아랍-무어 이슬람 군의 역사적 결전―프랑크 왕국의 역사는 물론 유럽 역사를 전혀 다른 방향으로 이끌 뻔했던 전쟁―에서 서양 중세 역사상 처음으로 중무장 보병을 출전시켜 승리했다. 서구 역사가들은 비잔틴 제국이 718~719년에 아랍-이슬람 군의 콘스탄티노플 포위·공격을 물리친 것과, 프랑크 왕국이 732년에 투르에서 아랍-무어 이슬람 군의 침공을 격퇴한 사실이 유럽 기독교 세계에 미친 영향을 비교한다.

오스만 제국이 1453년에 콘스탄티노플을 함락시키고 비잔틴 제국을 정복한 후 발칸 반도 대부분이 무슬림의 땅으로 변해갔듯이, 투르에서 이슬람 측이 승리했다면 프랑스는 물론 서유럽의 역사가 달라졌을지도 모를 일이다.

기번은 이슬람 군이 이겼다면 아마도 옥스퍼드에서 『코란』 강의가 행해지고 있을 것이라고 말한 바 있다.

랑케(Leopold von Ranke)는 투르에서 거둔 카롤루스의 승리를 세계사의 가장 획기적인 사건 중 하나라고 말했다. 카롤루스를 위대한 전사로 묘사했는가 하면, 아랍-무어의 패배를 신의 심판으로 인식했던 당시 서유럽의 연대기 작가들은 이슬람 군을 물리치고 기독교 교회를 방어한 카롤루스에게 'Martellus', 곧 '망치(Hammer)'라는 별칭을 부여했다. 카롤루스 마르텔(Carolus Martel)의 'Martel'은 그로부터 비롯되었다고 전해진다.

살라딘과 십자군의 격돌:
하틴 전투와 예루살렘 수복

200여 년에 걸친 십자군전쟁은 이슬람 세계를 연이은 전쟁으로 끌어들였다. 이슬람 세계는 십자군과의 크고 작은 전투에서 승리하기도 했지만, 심각한 패배도 여러 차례 당해야만 했다. 특히 첫 십자군이 소아시아를 지나 중동으로 진격할 무렵 이슬람 세계는 수습이 불가능할 정도로 분열하여 서로 대립했기 때문에 더 큰 시련을 겪을 수밖에 없었다. 하지만 십자군에게 예루살렘을 빼앗긴 후 이슬람 세계도 서서히 결속하기 시작했고, 더불어 이슬람-십자군의 투쟁 양상도 달라져갔다. 그리고 그 변화의 중심에는 예루살렘을 다시 이슬람의 땅으로 돌린 살라딘이 있었다.

여러 전투 중에서 살라딘이 벌인 하틴 전투(1187년 7월)와 그가 이루었던 예루살렘 수복의 역사를 살펴보고자 한다. 살라딘과 십자군 사이의 하틴 전투는 초기 십자군전쟁의 한 분수령이었고, 또한 이슬람 세력—셀주크 튀르크 족·아랍·쿠르드 족 등이 관련되었으므로 이슬람 세계 또는 이슬람 세력으로 표기한다—이 십자군전쟁에서 가장 확실하게 승리한 전투 중 하나이기 때문이다.

제1·2회 십자군전쟁과 이슬람 세계의 결속

로렌 공 고드프루아(Godefroy)와 그의 동생 보두앵(Baudouin), 툴루즈 백 레몽(Raymond) 등이 지휘한 제1회 십자군은 1096년 초가을 보스포루스 해협을 건너 예루살렘으로 진군했다. 십자군은 숱한 전투를 치르고 역경을 이겨내며 진군한 끝에 1099년 6월 7일 예루살렘에 입성할 수 있었다. 에데사와 안티오키아에 이어 예루살렘 왕국이 건설되고 고드프루아가 '성묘(聖墓)의 방어자'로 선출되었다. 그리고 레몽은 안티오키아와 예루살렘 등에 이어 네 번째 십자군 국가인 트리폴리 백령을 건설했다.

첫 십자군이 어렵게나마 성공을 한 데에는 이슬람 세계의 분열이라는 이유가 존재했다. 소아시아와 시리아의 셀주크 튀르크 족이 분열해 대립했기 때문에 십자군은 그들을 비교적 쉽게 격파할 수 있었다.

첫 장에서 지적했듯이 소아시아의 튀르크 족은 십자군을 비잔틴 제국의 영역에 묶어두는 것에만 관심이 있었지, 시리아 문제는 그들의 관심 밖이었다. 이집트 파티마 조의 통제를 받던 시리아의 아랍인과 셀주크 족의 유력자들도 상호 대립했으며, 심지어 안전을 보장받거나 상대를 꺾기 위해 프랑스 십자군과 동맹하기도 했다. 거기다 시리아의 이슬람은 동쪽의 이란을 공격하던 중에 요충지 안티오키아를 십자군에게 빼앗기기까지 했다.

이처럼 분열해 대립했으므로 셀주크 족의 지배자들은 대 십자군 군사동맹을 결성하지 못했다. 셀주크 족의 결속은 분열 상태에 있던 이집트의 파티마 조와 동맹하는 것만큼이나 쉽지 않은 일이었다. 셀주크 족의 여러 세력과 이집트의 파티마 조는 인종도 튀르크와 아랍으로 달랐지만 종파도 수니파와 시아파로 달랐다. 그리하여 셀주크 튀르크 족의 결속 혹은 셀주크와 파티마 조의 결속은 당시로서는 거의 실현 불가능한 일이었고, 그로 인해 십자군은 절반의 성공이나마 거둘 수 있었다.

하지만 셀주크 족의 술탄 마흐무드 휘하의 모술 총독 장기가 알레포를 장악하면서(1128) 이슬람 세계에도 통합의 실마리가 보이기 시작했다. 장기가 다마스쿠스로 진격하자 프랑스 측은 다마스쿠스의 셀주크 세력을 지원했으나 그리 성공적이지는 못했다. 북시리아를 점령한 장기는 1144년에 에데사를 회복했다. 장기는 2년 후 타계했지만 아들 누레딘이 십자군의 에데사 탈환 작전을 무위로 돌렸다(1146). 분열해 대립을 일삼던 이슬람 세계도 이제 장기와 누레딘에 의해 불완전하나마 결속을 기대할 수 있게 되었다. 그러자 이슬람 세계의 분열을 이용해 현상을 유지해온 예루살렘과 트리폴리 등 십자군 국가들은 큰 위기에 봉착하게 되었다.

시리아를 중심으로 이슬람 세계가 결속해 십자군 국가들을 위협하자 유럽은 새로운 십자군을 일으켰다. 프랑스의 루이 7세(Louis VII)와 독일의 콘라트 3세(Konrad III)가 뛰어든 제2회 십자군(1147~1149)이었다. 하지만 콘라트 3세 휘하의 독일군은 소아시아에서 셀주크 군과 싸워 대패했다. 니케아를 막 벗어난 독일군은 셀주크 군의 공격을 받아 겨우 10분의 1만 목숨을 건졌고 팔레스타인으로 도주했다.

프랑스 군도 니케아를 지난 후 셀주크 군의 공격을 받아 큰 손실을 입었다. 루이와 콘라트는 예루살렘에서 만났으나 자리 보전에 급급했던 예루살렘 영주들과도 대립했다. 프랑스-독일 십자군은 이후 크게 줄어든 병력으로 다마스쿠스를 공격했지만, 현지 십자군과의 불화로 작전을 효과적으로 펼

수 없었다. 결국 1148년, 프랑스-독일 십자군은 포위를 풀고 철수를 하고 말았다. 따라서 예루살렘 왕국도 어려운 상황에 처하게 되었다.

살라딘과 십자군의 격돌: 이슬람의 예루살렘 수복

십자군전쟁 중 이슬람의 강력한 영도자로 부상한 인물은 티크리트의 쿠르드 족 출신인 살라딘이었다.

제2회 십자군전쟁 전후 이슬람 세계에는 시리아 일대를 통합한 누레딘에 의해 세력이 재편성되는 변화가 일어났다. 누레딘은 이집트의 파티마 조가 흔들리자 프랑스와 맺은 동맹을 포기하고 무슬림의 통합을 기도하면서 대십자군 성전을 일으키려 했다. 누레딘은 1150년부터 다마스쿠스를 공격하여 장악한 후—그는 다마스쿠스에 입성하면서 휘하 전사들에 약탈을 금지시켜 도덕성을 과시했다—이집트의 무슬림을 압박했다. 예루살렘의 십자군은 그때 누레딘의 위세에 눌려 이집트가 위축되자 공격을 퍼붓기 좋은 기회로 여겨 파티마 조에 조공을 강요했다(1167).

하지만 보두앵의 공세는 오히려 누레딘의 부하 살라딘에게 기회를 주었고, 그로부터 중동의 세력 판도는 크게 달라져갔다. 즉 1169년경에 이미 이집트를 거의 장악한 누레딘은 보두앵의 공세에 맞서 쿠르드 족 부하 시르쿠흐를 카이로에 파견했다. 카이로에 입성한 수니파 시르쿠흐는 시아파 파티마 조 이집트의 총독이 되었다. 그리고 2개월 후 시르쿠흐가 죽자 그를 수행하며 이집트에 머물던 조카 살라딘—당시 그는 31세였다—이 이집트 총독 및 이집트 주둔 시리아 군 사령관이 되었다.

이집트의 군사적 실력자가 된 살라딘은 최고 고문관을 중심으로 그에 저항한 파티마 조의 세력 때문에 한동안 어려움을 겪었으나 결국 그들을 제압했다. 사실 반(反)살라딘 세력의 저항은 1176년까지 사라지지 않았지만, 그들은 역사의 흐름을 끝내 바꿀 수 없었다. 이집트에서 입지를 강화한 살라딘은 누레딘의 명령에 따라 파티마 조를 무너뜨린 후 이집트를 명목상으로만 존재하던 아바스 조의 속령으로 편입시켰다. 그런 다음 1171년 자신이 이집트의 최고 수장임을 선언했다.

1174년 누레딘이 사망한 후 다마스쿠스까지 장악한 살라딘은 1176년 5월에 요충지 알레포를 공격했으나 이슬람계 정예암살단 아세신(Assesin)의 저항으로 실패했다. '하시시를 먹는 자들'이라는 의미의 '아세신'은 아홉 개의 고지대 요새를 중심으로 알레포를 방어했다. 살라딘은 별다른 전과를 얻지 못하고 8월에 공격을 포기한 뒤 철수했다.

이처럼 살라딘은 시리아 전체를 장악하진 못했지만, 그를 중심으로 시리아·이집트·이라크의 무슬림이 점차 종교·정치적으로 결속했다. 그리하여 이라크·이집트·시리아의 무슬림이 2세기 동안의 격심한 내분을 마감하고, 대십자군 성전을 수행할 수 있는 길이 열리게 됐다.

누레딘 사후 그의 미망인과 결혼한 살라딘은 1177년경에 이르러 드디어 이집트-시리아의 지배자가 됐다. 누레딘의 땅이던 알레포와 모술을 장악하진 못했지만 말이다. 하지만 다마스쿠스를 확고히 장악했기 때문에 유리한 위치에 서 있던 그는 알레포와 모술에도 상당한 영향력을 미칠 수 있었다.

그리고 1183년에 드디어 요충지 알레포를 장악한 살라딘은 이즈(Izz ad-Din) 총독이 장악하고 있던 모술을 공격했다. 1182년부터 시도해온 공격이었지만, 아제르바이잔과 지발(서이란)의 후원을 받던 이즈를 꺾는 일은 쉽지 않았다. 모술 장악이 여의치 않은데다 샤티옹의 레날드(Raynald) 휘하 십자군이 홍해로 진출한다는 소식을 접하자 살라딘은 1186년에 휴전을 맺고 퇴각했다.

하지만 이후, 그는 줄곧 이즈를 압박해 결국 자신에게 복속시켰다. 바그다드의 아바스 조 칼리파의 지원을 받는 등 이즈는 끈질기게 저항했으나, 살라딘은 1186년에 이르러 결국 모술의 주군(主君)이 되었다.

살라딘은 교묘한 외교, 그리고 신속하고 강력한 군사적 행동을 통해 시리아·이집트·팔레스타인·북(北)메소포타미아를 통합하고, 모든 무슬림을 내적·외적으로 재무장시켜 자신과 함께 성전에 헌신하게 했다.

살라딘과 십자군의 소규모 충돌

누레딘에 의해 시리아와 이집트를 중심으로 무슬림이 결속하기 시작한 1150년 전후에도 이슬람 군과 십자군의 충돌은 끊이지 않았다. 예루살렘의 보두앵은 1153년에 예루살렘 서쪽 40마일(약 64킬로미터) 거리의 이집트 요새 아스칼론을 장악했다. 이집트의 칼리파는 시아파였지만, 수니파 다마스쿠스에게도 아스칼론의 함락은 충격적인 소식이었다. 1154년에 다마스쿠스를 차지한 데 이어—놀란 다마스쿠스 무슬림이 문을 열어 그를 맞이했다—1171년에 이르러 이집트를 사실상 지배한 누레딘, 그리고 그를 이은 살라딘의 지휘 아래 이집트와 시리아의 무슬림은 힘을 합쳐 프랑크 십자군에 맞서기 시작했다.

이집트와 시리아의 지배자로 성장한 살라딘은 1177년 11월에 팔레스타인에서 십자군과 충돌했다. 사실 살라딘은 이 무렵 십자군과의 큰 충돌을 가급적 피하려고 했는데, 이는 이슬람 세계를 확고하게 장악하는 한편 군사력을 보강하기 위함이었다. 그러나 그도 십자군의 도전에 응전하지 않을 수 없었다. 십자군은 살라딘을 견제하기 위해 다마스쿠스를 공격했다. 이를 누레딘이 제2회 십자군과 맺은 휴전조약을 파기하는 것으로 간주한 살라딘이 십자군을 공격했던 것이다. 십자군은 그때 대군을 동원해 알레포 북부의 하림 요새를 포위·공격했다.

반면 살라딘은 하림을 공격하느라 십자군의 방어가 허술했던 팔레스타인으로 눈을 돌렸다. 그는 스스로를 '시리아의 신부(bride)'라 생각했기 때문에 꼭 장악해야만 했던 아스칼론으로 진격했다. 티르의 윌리엄(William)은 "당시 살라딘의 아이유브 조 군은 2만 6,000여 명이었고, 그중 정예기병이 8,000명이고 나머지 1만 8,000명은 수단 출신 노예병이었다"고 전한다. 공세의 고삐를 늦추지 않고 팔레스타인의 중심지 라말라와 로드 등지를 약탈하며 쇄도하던 살라딘 군은 한때 예루살렘 성문에 이르기도 했다.

하지만 살라딘은 라말라 부근의 몽기사르에서 십자군에게 크게 패했다. 살라딘의 2만 6,000여 전사는 예루살렘 왕 보두앵 4세(Baudion IV, 1174~1185, 16세이던 보두앵 4세는 중증의 나병환자였다)가 이끌던 400여 명의 성전기사, 수천 명의 보병과 조우했다. 그때 보두앵은 이동 중에 군사행동을 취하지 않기로 약속해 살라딘으로부터 자신의 가자 주둔군과 함께 아스칼론으로 이동해도 된다는 허락을 받았다.

당시 십자군의 기사는 소수였다(대략 375~475명가량). 그러나 십자군 지휘부의 지략을 의식해 기습공격을 포기했던 살라딘은 보두앵이 정면대결을 피할 것으로 판단하고 팔레스타인의 라말라·리다·아르수프 등지를 공격했다. 사실 보두앵은 정면대결을 원치 않았으나 휘하 기사들이 살라딘에 적극적으로 응전한 것이다. 살라딘 군은 보두앵·레날드·성전기사단 등으로 이루어진 십자군에 예상 외로 대패해(11월 25일) 병력의 대부분을 잃고 아이유브 조 본거지인 이집트로 퇴각했다. 이것이 몽기사르 전이다. 이후 그는 십자군과 2년간의 휴전조약을 맺어 패전에 따른 손실을 복구하고 군사력을 보충하는 데 힘썼다. 몽기사르 전은 살라딘이 십자군과 벌인 전투에서 참패한 흔치 않은 전투였다.

살라딘은 몽기사르 전 후에도 도전을 멈추지 않았다. 1178년 봄, 서(西)시리아 홈스 아래에 진을 치고 있던 살라딘 군은 십자군과 충돌했다. 또한 중서부 시리아의 하마에 주둔해 있던 살라딘 군은 십자군과의 소규모 충돌에서 승리해 십자군 다수를 포로로 잡았다. 살라딘은 생포한 십자군을 참수했다. 하지만 살라딘은 이후 큰 전투를 피하면서 시리아에 머물렀다. 이처럼 대규모 충돌을 피하며 시리아에 머물던 살라딘은 첩보원으로부터 십자군이 시리아를 침공하려한다는 정보를 입수하고 서둘러 대비책을 세웠다.

1179년 4월, 예루살렘 국왕 보두앵 휘하의 십자군은 골란 고원 동쪽의 유목민을 공격해 약탈한 후 다시 다마스쿠스 수비대를 공격했다. 하지만 십자군은 다마스쿠스의 무슬림 수비대에게 패배했다. 살라딘은 그와 같은 작은 승리에 만족하지 않고 군비를 강화하기 위해 노력했다. 그가 이집트의 알 아딜(al-Adil)에게 1만 5,000명의 기병을 보내도록 요청한 것도 병력을 증강하기 위한 방편의 일환이었다.

살라딘이 예루살렘을 수복하기 직전에 벌인 큰 규모의 싸움은 1179년 여름의 전투였다. 휴전 이후에도 작은 충돌을 일으키며 대립해온 살라딘과 보두앵 4세의 십자군은 1179년 여름 다시 격돌했다. 보두앵은 살라딘을 압박하기 위해 그의 중요한 세력 근거지인 다마스쿠스의 관문에 전초기지를 건설했다. '야곱의 개울(Jacob's Ford)'로 불린 요르단 강 통로의 요새를 보완하기 위한 조처였다.

살라딘은 처음에 보상금(금 10만 조각)을 제시하며 요새 건설을 포기할 것을 제의했지만, 제의가 실패하자 무력으로 요새를 파괴하기로 했다. 그러고는 지휘부를 골란 고원의 바니아스로 옮겼다. 양측이 대치하던 중 무슬림 군을 향해 언덕 아래로 돌진하던 십자군은 적진 깊숙이 들어갔다. 하지만 그

것은 곧 패전으로 이어졌다.

곧이어 살라딘은 흩어진 전사들을 모아 역습을 가했다. 십자군을 대패시킨 살라딘은 다수의 십자군 고위 기사를 살해하거나 생포했고 '야곱의 개울'에 건설 중이던 보두앵의 요새도 차지했다.

예루살렘 왕국은 불안한 정국 속에서 진행된 '야곱의 개울' 전투 후에도 혼란이 멈추지 않았다. 보두앵 4세는 병약한 데다 후일 보두앵 5세(Baudouin V, 1185~1186)가 된 그의 조카는 아직 어렸다. 거기다 레몽을 비롯한 왕국의 귀족들은 권력 투쟁에 여념이 없었다. 더욱이 보두앵 5세가 즉위 2년 만인 8세 때 서거하자—뤼지낭의 기(Guy)가 독살했다는 설도 있다—왕국의 혼란은 더욱더 가중되었다. 보두앵 5세 사후 성전기사단 지휘자 게라르드(Gerard)와 레날드는 여왕 시빌(Sibyl: 보두앵 4세의 누이) 측이 남편 기를 은밀히 추대하려는 것에 반대하고 나섰고 그로 인해 내분은 격화되었다. 그런 상황임에도 레날드는 1186년에 휴전협약을 파기하고 무슬림 순례단을 공격했다.

'야곱의 개울'을 장악한 살라딘은 3년 후 주민들이 떠나버려 텅 빈 베이 산을 점령하기 위해 요르단 강을 건넜다. 다음 날(1182년 9월 30일) 베이산을 점령한 그는 멈추지 않고 서진했다. 그는 서진하던 중 요르단의 십자군 요새 '케락'과 '소박'에서 레날드 휘하의 십자군을 공격해 보급품을 약탈하고 상당수를 포로로 잡았다. 그 무렵 기 휘하 십자군의 주력은 세포리에에서 알-풀라로 이동 중이었다. 살라딘은 500여 명의 별동대를 보내 그들을 공격하게 했다. 기의 십자군을 혼란에 빠뜨리기 위해서였다. 그처럼 십자군을 교란시키면서 자신은 주력군을 지휘해 예루살렘 북쪽의 아인 잘루트로 진격했다.

예루살렘 왕국의 십자군은 당시로서는 동원 가능한 최대의 전사를 투입했지만 이슬람 군세에는 미치지 못했다. 살라딘의 이슬람 군은 십자군이 미처 예상 못 한 가운데, 아인 잘루트 계곡으로 쳐들어가 소규모로나마 십자군을 수차례 공격했다. 기가 그에 대응해 십자군의 주력군을 투입하지는 않았지만, 살라딘은 부족한 보급품을 보충하기 위해 요르단 강을 건너 뒤로 물러났다.

이슬람 군의 크고 작은 공격에 시달리던 십자군은 이번엔 적군의 중요 보급로를 끊으려 했고, 살라딘이 강경하게 맞서면서 대규모 전투가 벌어졌다. 예루살렘의 레날드는 그때 홍해에서 다섯 척의 갤리선을 동원해 무슬림의 교역과 순례여행을 차단하려 했다(1182). 살라딘이 보급품의 원활한 수송을 위해 홍해 교역로를 안전하게 지키려 노력하던 중이었다. 살라딘은 레날드가 홍해를 공격한 것에 대응해 30여 척의 갤리선으로 베이루트를 공격했다. 레날드는 결국 무슬림 순례여행단을 습격하고 성시 메카와 메디나까지 위협했다.

반면 살라딘은 1183~1184년 두 차례에 걸쳐 레날드가 구축한 요르단 강 동쪽의 케락 요새를 포위·공격했다. 이 공격은 결정적 승리를 안겨주진 않았지만 적군에게 상당한 손실을 끼쳤다. 레날드는 권력 다툼으로 국력이 약화된 상태인데다, 살라딘이 무슬림을 통합해 무서운 세력으로 부상하고 있는데도 1186년 말 하즈(hajj)의 순례단에 보복성 공격을 퍼부어 살라딘을 격렬히 자극했다.

티르의 윌리엄이 남긴 『고 프랑스 간행물(*Old French Continuation*)』에 따르면, 이집트를 출발해 다마스쿠스로 가는 순례단에 참가했던 살라딘의 누이도 생포되었다고 전한다. 하지만 현재의 자료들에 의해 입증되는 사실은 아니다. 무슬림과 프랑스의 자료 모두 레날드가 순례단을 공격했고, 살라딘 수비대가 그들을 보호한 덕분에 그의 누이와 그녀의 아들이 위해를 당하지 않았다고 전한다.

당시 이슬람 순례자들은 휴전조약—살라딘과 보두앵은 1185년에 4년간의 휴전조약을 맺었다—을 내세우며 자비를 요청했지만, 레날드는 그들을 고문해 죽이고 예언자 무함마드를 모욕했다. 살라딘이 1187년 3월에 전사를 보내 메카에서 귀환 중이던 누이를 보호했다는 설도 있다. 레날드는

1182년에 메카로 향하던 순례단을 습격해 위해를 가했었는데, 그때 이미 그를 죽이기로 맹세한 살라딘은 레날드의 연이은 만행들을 전해듣고 십자군을 타도하겠다는 결의를 더욱 불태웠다고 한다.

하틴 전투와 예루살렘 수복

살라딘이 낙타 등 모양의 하틴에서 십자군을 대패시키고 예루살렘을 수복했던 이야기를 해보자. 1187년 5월, 휘하의 군대와 함께 이집트를 떠난 살라딘은 티베리아스를 목표로 요르단 강을 건넜다. 살라딘 군은 트리폴리 백령 레몽 3세 (Raymond III)의 아내 에스치바(Eschiva)가 방어하던 티베리아스를 포위·공격했다.

그 소식을 접한 기도 티베리아스를 구하기 위해 예루살렘 왕국에 동원령을 내렸다. 살라딘은 그때까지의 대십자군 전투 중 가장 큰 규모의 군대를 동원했다. 대체로 3만 명의 보병과 1만 2,000명의 기병이 투입된 것으로 알려져 있다. 물론 아크레에 집결한 기와 레몽 3세의 십자군 군세도 살라딘의 그것에 뒤지지 않았다.

십자군은 예루살렘은 물론 트리폴리와 안티오키아에서도 출병했는데, 2만 명(혹은 1만 5,000명)의 보병과 1,200명의 기병으로 이루어졌다. 혹자는 주력군 외에 1만여 명의 보병과 다수의 경기병이 동원되었다고도 한다. 티베리아스 탈환을 목표로 대군을 동원한 십자군은 서부 예루살렘의 세포리에 오아시스 부근 트시포리에 진을 쳤다. 레몽이 선발대를, 기가 주력군을, 이벨린의 발리안(Balian)과 레날드가 후위대를 지휘했다.

살라딘은 6월 29일 아들 알 아프다(al-Afda)에게 갈릴리와 티베리아스로 가는 통로를 열어줄 것을 레몽에게 요청하도록 지시했다(살라딘과 보두앵이 1185년에 맺은 휴전협정 때문에 레몽은 살라딘 군에게 통로를 열어주어야 했다). 살라딘은 십자군, 특히 성전기사단을 견제하고 타격하기 위해 헤르몬 산 남쪽의 카에사리아 필리피를 떠났다.

살라딘은 7월 2일, 기가 티베리아스를 목표로 하여 세포리에를 떠나도록 유인하는 한편, 스스로 소수의 별동대를 이끌고 티베리아스 요새를 포위·공격했다. 주력군을 여전히 하틴 남쪽의 고지마을 카프르 사브트에 머물게 하고 기습작전을 편 살라딘은 다수의 십자군을 생포하는 등 적잖은 전과를 올렸다.

7월 3일. 양측은 사활을 건 공방전에 돌입했다. 살라딘에 비해 지략이 부족했던 기는 레몽 3세의 충고와 정적인 게라르드의 조언을 무시하고 3일 아침 십자군에 진군 명령을 내렸다. 기의 십자군은 세포리에에서 티베리아스를 향해 서쪽으로 진군하고 살라딘 군은 십자군이 접근하는 것을 막기 위해 남동쪽에서 '하틴 혼'으로 진군했다. 살라딘 측 척후병의 교란 공세 때문에 처음부터 큰 난관에 처했던 십자군은 숱한 어려움을 뚫고 반나절 만에 수원지 투란(세포리에에서 10킬로미터 떨어져 있음)에 도착했다. 살라딘은 이 당시의 상황을 두고 "프랑크의 보병 매들과 기병 독수리들이 물가를 선회했다"고 썼다.

기는 투란에서 물을 공급받은 십자군을 중도에 수원지가 없으면서도 10킬로미터 거리에 위치한 티베리아스로 진군시켰다. 하지만 살라딘은 십자군이 티베리아스로 진군하는 것을 용인하지 않았다. 티베리아스로 향하던 십자군을 하틴 혼에서 남북으로 포위한 살라딘은 때를 놓치지 않고 주력군과 함께 측면군을 투입해 맹공했다.

낙타 카라반으로부터 티베리아스 호(현 갈릴리 호)의 물과 여타 군수품을 충분히 공급받던 이슬람 군과 달리 수원을 확보하지 못한 십자군은 다시 극심한 갈증에 시달려야 했다. 살라딘은 두 별동대를 파견해 십자군의 수원지 투란을 장악한 다음 그들이 투란으로 후퇴하는 길마저 차단해버렸다. 1만 8,000여 명에 달하는 살라딘 군의 강력한 공격에 효과적으로 대응할 수 없었던 십자군은 후위대에 이어 모든 부대의 진군을 멈출 수밖에 없었다.

다음 날 아침. 피로와 견딜 수 없는 갈증에 시달리던 십자군―혹자는 그들을 '발광한' 십자군이라 표현했다―은 무슬림 진지로부터 불어오는 짙은 연기 속에 눈을 떴다. 기는 전열이 흐트러진 십자군을 다시 하틴의 수원지로 진격케 했지만 살라딘 군의 방어를 뚫지 못했다. 게라르드와 레날드가 새 전선을 구축해 공격했으나 역시 패색이 짙어가던 전투의 방향을 돌릴 수는 없었다.

그 무렵 레몽 휘하의 기사 다섯 명이 살라딘에 투항해 십자군의 상황을 낱낱이 전했다. 갈증과 피로에 지친 일부 십자군이 캠프를 혼란에 빠뜨리면서 하틴의 오아시스로 돌진했지만 무슬림 전사들은 그들이 오아시스로 접근하는 것을 허용치 않았다. 레몽의 돌격대가 전선 돌파를 시도했으나 역시 무위에 그쳤다. 전선 돌파 실패 후 레몽이 주력군에서 이탈했고, 그것을 목격한 두 번째 돌격대도 전선에서 후퇴해버렸다.

입증된 바는 없지만 한 「연대기」에 따르면 레날드를 비롯한 십자군 지휘부의 상당수 인사들이 레몽처럼 전투 중 이탈하거나 도주해 십자군의 전열을 더욱 심각하게 흩뜨렸다고 한다.

레몽의 이탈로 십자군은 더 큰 절망에 빠져들었다. 대부

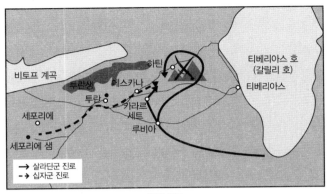

하틴 전투

분의 기병이 목숨을 구하기 위해 하틴 혼 쪽으로 도주해 십
자군의 전열은 완전히 무너졌다. 기는 쇄도하는 무슬림 기병
을 저지하기 위해 방어선을 구축하려 애썼지만 실패했다. 무
슬림 궁수의 화살에 시달리던 십자군 기병들은 말에서 내려
도주했다. 십자군은 완전히 포위된 상태에서 세 번에 걸쳐
돌격대를 편성해 무모한 반격을 시도했으나 결국은 완전히
패배했다.

기의 십자군은 두 뿔이 연결된 모양의 언덕 '하틴 혼'에서
그처럼 참패했고, 1만 5,000여 명의 십자군은 하틴에서 거의
전멸했다(하틴은 오늘날 아랍 민족주의를 선양하는 상징적 지역 중
하나가 되었다).

살라딘의 아들 알 아프달(당시 17세)의 목격담을 보자.

프랑크 왕(기)이 무리와 함께 언덕에 있을 때 그들 앞에 있는 무슬림에게 무서운 공격을 가했다. 나는 나의 아버지가 슬픔에 빠지고 얼굴이 창백해지는 것을 보았다. 그는 그의 턱수염을 만지며 적에게 불을 주라며 나아갔다. 무슬림은 다시 결집해 싸웠고 언덕으로 돌격했다. 프랑크 군이 무슬림에 패해 도주할 때 나는 즐거워 소리쳤다.

"우리가 그들을 무찔렀다."

그러나 프랑크인은 다시 결집해 첫 번째와 같이 공격해 왔고 무슬림 전사들을 아버지에게로 밀어붙였다. 아버지는 처음에 했던 것처럼 움직였고 무슬림 군은 다시 프랑크인들을 언덕으로 내몰 수 있었다. 나는 기뻐 다시 외쳤다.

"우리가 그들을 무찔렀다."

그러나 나의 아버지는 이렇게 말했다.

"조용히 해라. 기의 천막을 무너뜨릴 때까지는 그들을 꺾은 것이 아니다."

그러나 곧바로 기의 천막이 무너졌다. 술탄은 말에서 내려 꿇어앉아 전능한 신에게 감사를 표했고 우리는 기뻐 울었다.

레몽은 용케 도주했지만 레날드는 생포되어 처형당했다. 역시 포로의 몸이 된 기와 게라르드는 거액의 몸값을 지불해야 풀려날 형편이었다. 그 밖에도 기의 동생 아말릭 2세(Amalric II), 몽페라토의 윌리엄 5세(William V), 토로의 험프리 4세(Humphrey IV), 위그 드 자발라(Hugh de Jabala) 등이 포로가 되었다. 3,000여 명의 기독교도는 도망쳐 목숨을 구했다.

살라딘은 포로의 몸이 되어 견디기 어려운 갈증을 호소하는 기에게 눈 녹인 물을 마시게 했고, 남은 물을 레날드에 전하자 살라딘이 레날드에게는 물을 준 적이 없다면서 빼앗았다고 한다. 당시 60세이던 레날드의 불운은 그것으로 끝나지 않았다. 일설에는 1186년 말 카라반 순례단을 공격해 획득한 전리품을 반환하길 레날드에 요청했으나 거절당한 정적 기가 하틴 전투 때(4일) 그를 압송해와 살라딘의 캠프에 넘겼다고 한다.

살라딘은 서약을 어겼다며 무슬림 순례단에 위해를 가한 레날드를 비난했다. 레날드는 "왕들이 항상 그렇게 행동했다. 나는 그 이상은 하지 않았다"고 변명했다. 살라딘은 끝내 개종을 거부한 레날드의 목을 베었다. 기가 레날드의 시체 앞에 꿇어앉자 살라딘은 "왕들을 처형하는 것은 나의 바라는 바가 아니다. 하지만 그는 모든 한계를 넘었고 그래서 나도 그렇게 했다. 이자는 악행과 불신 때문에 죽었다"고 말했다. 레날드가 무슬림 순례단을 공격한 것을 지적한 것이다. 살라딘은 이전에 자신의 누이를 포함해 다수의 순례자들을 해친 레날드를 죽이겠다고 맹세한 바 있었는데, 자신의 맹세를 잊지 않았던 것이다. 하지만 순례단에 그의 누이가 있었는지는 확실치 않다. 이슬람 측 기록에 따르면 살라딘에겐 누이가 없었다고 한다.

하틴 전투 후 예루살렘 여왕 시빌, 주교 헤라클리우스(Heraclius), 발리안이 예루살렘에 남아 살라딘과의 협상에 응했다. 예루살렘과 그 주변 지역을 상실한 십자군에겐 이제 티레와 벨포트만 남아 있을 뿐이었다. 그리고 트리폴리와 안티오키아, 북부의 일부 성들만이 십자군의 통제 아래 있었다.

십자군의 패색이 짙어갈 때 전장을 이탈했던 레몽 3세는 1187년 말에 늑막염으로 죽었다. 기는 포로가 되어 다마스쿠스로 압송되었다. 살라딘은 십자군 세력 간의 대립과 갈등을 부추기기 위해 1188년에 기를 석방해 아내 시빌에게 돌려보냈다. 레몽의 아내 에스치바는 항복 후 가족, 종자, 약간의 재산을 갖고 트리폴리로 돌아갔다. 살라딘의 부장들은 다수의 프랑크인을 노예를 얻는 등 승전을 즐긴 반면 십자군 기사들은 그처럼 죽음을 당하거나 몸값을 내고 목숨을 부지해야 했다.

살라딘은 하틴 전투 후 예루살렘을 포위했다. 그는 프랑크 인 거주자들에게 자비를 베풀 생각이 없었으나, 발리안이 5,000명에 달하는 무슬림 인질을 살해하고 '바위돔 모스크'

등의 성소를 파괴하겠다고 위협하자 비로소 협상 테이블에 앉았다. 결국 하틴 전투 3개월 후인 10월 2일, 예루살렘에 입성한 살라딘은 그들과 합의한 일련의 규약을 예루살렘 거리에 내붙였다.

그 규약에 따르면 성내의 모든 거주자는 자유를 얻기 위해 석방금을 내야 했다. 석방금은 남녀노소 가릴 것 없이 각자 (지금의 가치로) 약 50달러였다. 예루살렘의 프랑크인들은 몸값을 내고 자유를 사야 했다. 살라딘은 용맹하고 뛰어난 지략가인 동시에 관용적인 인물이었다고 평가받는다. 비록 기독교도일지라도 몹시 가난한 자는 몸값을 받지 않고도 자유의 몸이 되도록 해줬다는 이야기 때문이다. 물론 재정을 담당하는 부하들의 끈질긴 반대를 무마해야 했지만 말이다. 한편 예루살렘 주교 헤라클리우스도 거액의 몸값을 모아 기독교도 1,800여 명을 석방시켰다고 한다.

살라딘은 유대인에게도 관용을 베풀었다. 예루살렘을 장악한 후 그는 유대인을 모이게 한 다음 그들이 시내에서 거주하는 것을 허용하겠다고 말했다. 다만 무슬림 율법을 지킬 경우에만 말이다. 집단 거주지 아스카온의 유대인들 대부분이 그의 온정 탓에 삶의 터전을 보전할 수 있었다. 심지어 살라딘은 예루살렘 성 안에서 결혼식이 있다는 소문을 듣고 공격을 다음 날로 미루기까지 했다고 한다.

하지만 살라딘은 생포한 프랑크 전사 모두를 살해하도록 명했다. 그의 비서 이마드(Imad ed-Din)에 따르면 "살라딘은 (생포된 프랑스 십자군들로서는) 감옥 생활보다 죽는 게 낫다며 처형을 명했고, 주변에 있던 학자·수피(sufi)파 무슬림(신비주의 교파)·수도자가 칼을 들고 나와 포로 살해에 동참하려 했다"고 한다. 목숨을 건진 일부 병사는 노예로 전락했다. 그리고 몸값을 지불하지 못한 7,000~8,000명 등 1만 5,000여 명에 달하는 예루살렘 거주자들도 노예로 전락했다. 88년간 (주로 프랑크 출신 십자군이었지만) 십자군의 땅이었던 예루살렘은 그렇게 살라딘의 예루살렘이 되었다.

1187년 7월의 하틴 전투는 십자군이 만들어온 역사의 한 전환점이었지만, 전사들이 거의 전멸할 정도로 처참한 패배를 기록한 십자군에겐 재앙적인 전환점이기도 했다. 참패한 십자군은 살라딘 군에 맞서 싸울 수 있는 인적·물적 자원을 대부분 잃었다.

전술했듯이 예루살렘 주변의 기독교도 거주지와 십자군의 요새는 모두 살라딘의 수중으로 넘어갔다. 살라딘은 1187년 9월 중순에 이르러 팔레스타인을 비롯한 중동의 중요 거점인 아크레·나불루스·야파·시돈·베이루트 등지를 장악했다. 아스칼론과 티레만이 몽페라의 콘라드(Conrad)가 끌고 온 수비대 덕분에 살라딘에게 넘어가지 않았다. 충격에 빠진 유럽 기독교 세계는 중동에 다시 십자군을 보냈고(제 3회 십자군), 살라딘 또한 잉글랜드의 사자심왕 리처드 1세 휘하의 전사들을 비롯한 십자군과 다시 싸워야만 했다.

오스만 제국의 콘스탄티노플 함락

튀르크-이슬람의 '콘스탄티노플 함락과 점령'은 아랍-이슬람 이래 이슬람 세계의 전통적 목표였다. 신빙성 있는 한 하디스(Hadith)에는 예언자 무함마드의 콘스탄티노플 정복에 대한 염원이 전해진다.

"진실로 그대는 콘스탄티노플을 정복할 것이다. 그대는 얼마나 위대한 지도자가 될 것인가. 그 군사는 얼마나 위대한 군사가 될 것인가."

사실 아랍-이슬람은 앞 장에서 간략하게 살펴보았듯이

콘스탄티노플을 점령하기 위해 7세기 말엽 이래 끈질기게, 그리고 전력을 다해 도전했으나 실패를 거듭했다. 우리는 그중에서도 617~619년에 아랍-무슬림이 '콘스탄티노플 정복'에 실패한 사실을 살펴보았다.

무함마드의 염원은 결국 1453년 오스만 제국에 의해 실현되었다. 1453년 4월에 콘스탄티노플 공격을 본격적으로 개시한 오스만 군은 소수의 비잔틴 군과 베네치아-제노바 원군의 영웅적 저항을 일축하고 그해 5월 29일과 30일에 콘스탄티노플을 함락시킨 후 점령하는 데 성공했다. 오스만 제국의 새로운 수도가 되어 이스탄불(Istanbul)로 명칭이 바뀐 콘스탄티노플은, 다만 동방정교회 중심지로서의 지위는 지켜나갈 수 있었다.

오스만 제국의 소아시아 진출과 비잔틴 제국의 위기

천년 제국 비잔틴과 지중해 세계의 수도 콘스탄티노플 최후의 역사를 이야기하기 전에 오스만 튀르크 족이 성장해온 역사를 조금만 더 살펴보기로 하자. 오스만 튀르크 족은 13세기 말에 셀주크 튀르크 족이 몰락한 후 급속히 소아시아와 그 주변 지역의 주인으로 성장했다.

당시 소아시아의 그리스계 주민들은 경기가 침체되고 정

치적으로도 불안했던 비잔틴 제국을 버리고 오스만 튀르크 족의 편에 섰다. 그들이 본 오스만 튀르크 족은 광신적 무슬림이 아니었다. 튀르크-이슬람의 관용·회유정책은 소아시아의 그리스계 주민들로 하여금 그들에게 협력하도록 만들었을 뿐 아니라 일부를 이슬람교로 개종하도록 만들었다.

소아시아를 장악하면서 튀르크 족의 중심세력으로 성장하던 오스만 제국은 발칸 반도로의 진출을 서둘렀다. 1354년에 비잔틴 제국의 요새 갈리폴리를 점령해 발칸 반도의 교두보를 확보한 후 트라키아 대부분을 차지한 오스만은 1363년에 발칸 반도의 아드리아노플(에디르네)로 수도를 옮겼다. 무라드 1세(Murad I, 1362~1389)는 1389년에 코소보 전투에서 세르비아를 굴복시킨 후 세르비아·마케도니아·중부 불가리아를 손에 넣었다. 바예지드 1세(Bayezid I, 1389~1402)는 1396년에 니코폴리스에서 헝가리-베네치아 동맹군을 패퇴시켰다.

이제 콘스탄티노플은 튀르크-이슬람의 땅으로 둘러싸이게 되었고, 베네치아를 비롯한 서유럽인들은 해로를 통해서만 콘스탄티노플에 접근할 수 있었다. 비잔틴 제국은 결국 오스만 튀르크의 술탄과 맺은 굴욕적 조약으로 연맹하는 상황에 처했으며, 황제들은 때때로 술탄의 신하처럼 처신해야 했다. 하지만 아드리아노플의 술탄들은 그것에 만족하지 않고 더욱더 영토를 넓혀나갔다.

풍전등화 같은 비잔틴 제국의 목숨을 잠시나마 연장시켜 준 것은 티무르의 서진(西進)이었다. 서(西)차카타이한국의 쇠락을 틈타 군사를 일으킨 후, 사마르칸트를 중심으로 일한 국·킵차크한국·동(東)차카타이한국을 합쳐 일시적으로 강대한 세력을 자랑한 티무르는 1402년에 튀르크-이슬람 군을 앙카라에서 패퇴시켰다. 하지만 티무르 제국은 곧바로 무너졌고 재기한 튀르크-이슬람은 다시 1420~1430년대에 비잔틴 제국을 위협했다. 서유럽은 튀르크-이슬람이 비잔틴 제국을 멸망시켰을 때 벌어질 상황의 심각성을 절감하고, 새로이 불가리아에 십자군을 파견했으나 그것으로도 비잔틴 제국을 구할 수는 없었다.

비잔틴 제국은 얼마 지나지 않아 더 야심차고 무서운 적인 메흐메드 2세를 상대해야 했다. 젊은 나이에 술탄이 되었지만 술수와 영도력을 겸비한 메흐메드 2세는 친위군단 예니체리를 지휘해 소아시아의 반란을 진압한 후 비잔틴 제국으로 눈을 돌렸다. 일부의 반대에도 불구하고 주도면밀하게 콘스탄티노플 침공을 준비하던 그는 외교·군사적 준비의 일환으로 헝가리·베네치아와 우호협정을 맺었다. 그는 중립을 보장받기 위해 양국에 유리한 협정을 맺는 것도 주저하지 않았다.

메흐메드 2세는 침공 전해인 1452년 내내 침공을 준비했다. 전국에서 모은 1,000여 명을 동원해 보스포루스 해협의 유럽 해안에 성채를 지었다. 그 해협의 아시아 쪽에는 그의 조부 바예지드 1세가 1390~1391년에 쌓은 요새인 아시아 성(城) '아나돌루 히사리(Anadolu Hisari)'가 이미 있었는데, 이번에는 그가 유럽 해안에 성채—유럽 쪽의 성(城)이란 뜻에서 '루멜리 히사리(Rumeli Hisari)'로 불렸다—를 쌓았던 것이다.

그는 또한 갤리선 31척을 건조하는가 하면, 헝가리인 기술자를 고용해 대구경(大口徑) 대포도 만들었다.

비잔틴 제국으로서는 불행하게도, 국가 존망의 위기가 닥쳐오고 있었음에도 황궁 내에서는 권력 다툼만이 그 도를 더해가고 있었다. 마치 살라딘이라는 강력한 적이 그들의 존망을 위협하는데도 통치권을 둘러싼 권력 다툼이 그치지 않았던 제2회 십자군전쟁 때의 예루살렘 왕국을 상기케 한다.

마치 친청(親淸)·친일(親日)·친러 세력들이 우리나라를 집어삼키려들 때, 일본·러시아·청 등에 의존하여 권력을 잡으려고 발버둥치던 대한제국 말기의 양상을 보는 듯하다. 비잔틴 제국은 찬란한 지적·문화적 성취뿐 아니라 도를 넘는 권력 투쟁의 역사[21]도 자랑한다. 암적인 권력 투쟁은 그처럼 튀르크-이슬람의 대규모 침략이 임박했는데도 그칠 줄 몰랐다.

비잔틴 제국 말기에 황궁에서 벌어진 권력 다툼의 일단을 간략히 살펴보기로 하자. 요안네스 5세(Joannes V, 1341~1376, 1379~1390)와 제권(帝權)을 놓고 사투를 벌이던 요안네스 6세(Joannes VI, 1347~1354)는 호시탐탐 자국 정복의 기회를 엿보던 오스만 제국의 힘을 빌리기 위해 그들을 불러들였다(1347). 1390년에 조부 요안네스 5세를 축출하고 제위에 올랐지만 5개월 뒤 축출된 요안네스 7세(Joannes VII)는 결국 그들이 중재자로 끌어들인 오스만의 술탄 바예지드 1세로부터 피난처를 얻었다.

오스만 제국에 자신의 생명은 물론 나라까지 빼앗긴 콘스탄티노스 11세(Konstantinos XI, 1449~1453)도 형인 요안네스 8세(Joannes VIII)가 죽은 뒤 동생 데미트리오스(Demitrios)와 제위를 다투던 중 오스만의 무라드 2세에게 중재를 요청했고, 결국 무라드의 지원을 받아 제위에 오를 수 있었다.

그처럼 콘스탄티노플에서 오스만 제국 술탄의 힘을 빌려서라도 제권을 강화하거나 제권을 손에 넣으려는 권력 투쟁이 끊이지 않던 중에 오스만의 대(對)비잔틴 포위망은 점점 더 좁혀지고 있었다. 이미 1354년 발칸 반도에 교두보를 확보한 후 트라키아의 대부분을 점령한 오스만 제국은 1363년에 보스포루스 해협의 유럽 쪽 도시인 아드리아노플로 수도를 옮겼다. 이제 콘스탄티노플은 오스만 제국의 땅으로 둘러

싸인 형국이 되었고, 서유럽인이 콘스탄티노플에 접근할 수 있는 길은 해로뿐이었다.

튀르크-이슬람의 콘스탄티노플 함락

오스만 제국은 마침내 비잔틴 제국에 최후의 공격을 가했다. 앞에서 언급했듯 메흐메드 2세는 예니체리를 지휘해 소아시아의 반란 세력을 진압한 후 '루멜리 히사리'를 건설했다. 콘스탄티노스 11세가 항의했지만 그는 개의치 않았다. 1452년 8월에 콘스탄티노플 지근거리에 있는 성채가 완공됨에 따라 오스만 제국은 마르마라 해협을 포함한 보스포루스 해협을 효율적으로 통제할 수 있게 되었다. 메흐메드 2세는 아시아와 유럽 성채에 포대를 설치한 다음 보스포루스 해협을 통과하는 모든 선박에 통행세를 내게 했다.

콘스탄티노스 11세는 서유럽 제국에 대(對)튀르크 십자군을 간청했다. 서유럽은 동방정교회가 로마 교회와 통합되어야 한다는 것을 십자군의 전제조건으로 제시했다. 하지만 콘스탄티노스 11세는 터번을 쓴 튀르크 무슬림에게 머리를 숙일지언정 교황에게 머리를 숙일 생각은 없었기 때문에, 즉 튀르크 족의 지배보다 라틴 족의 지배를 받기가 더 싫었기 때문에 십자군에 대한 기대 또한 무너져버렸다. 그 후에도 콘스탄티노스 11세는 서유럽 제국에 자국의 위급함을 호소했으나 교황 니콜라우스 5세를 비롯한 서유럽 군주들의 마음을 움직이지는 못했다.

사실 당시의 서유럽 제국 역시 많은 군대를 동원할 수 있는 형편이 아니었다. 신성 로마 제국(독일)은 내분으로 정국이 불안정했고, 프랑스도 백년전쟁의 뒷마무리에 여력이 없었으며, 30년 동안 이어질 장미전쟁(1455~1485) 직전의 잉글랜드도 비잔틴 제국을 지원할 입장이 아니었다. 20여 년간 전쟁 상태를 지속해온 이탈리아 반도의 경우도 비잔틴 제국의 안위를 걱정할 형편이 되지 못했다. 밀라노·피렌체·베네치아·나폴리·로마가 1454년과 1455년에야 각각 '로디(Lodi) 평화조약'과 '이탈리아 동맹'을 맺어 불완전하나마 정치 안정을 겨우 얻어낸 상황이었다. 베네치아만이 튀르크-무슬림과 싸워 자국의 전통적인 지중해 교역로를 지키내기 위해 비잔틴 제국을 지원했다.

베네치아는 지중해가 튀르크-이슬람의 독무대가 되다시피 한 다음에도 줄곧 콘스탄티노플-흑해 또는 크레타-로도스-키프로스를 잇는 교역로를 확보하고 타국과 활발하게 교역해왔다. 남프랑스·알렉산드리아·카르타고·알제리 등과 교역한 것은 물론 대서양의 연안 해로를 따라 플랑드르까지도 진출한 베네치아는 튀르크-무슬림에 의해 콘스탄티노플이 함락되고 비잔틴 제국이 무너지는 걸 수수방관할 수 없었다. 결국 베네치아는 비잔틴 제국의 원군 요청에 응해 1452년 8월에 크레타에 파견되어 있던 해군을 출동시켰다. 지중해 해상국가였던 제노바 역시 소수의 함선을 출동시켰다.

정확성은 의심스러우나 당시의 한 통계는 역사적인 콘스탄티노플 공방전에 동원된 오스만-비잔틴 양측의 군사력이 어떠했는지 말해준다. 튀르크-이슬람의 군세는 거의 300척에서 400척에 달하는 함선에다 지상군도 정규군 8만을 포함해 15만에서 17만 5,000명(혹은 10만~20만 명)에 이르렀다. 함선의 대부분은 수송선, 보급선이었지만 전함의 수는 결코 적지 않았다.

이에 비해 비잔틴의 군세는 10분의 1에 지나지 않았다. 함선의 경우 비(非)비잔틴 함선 16척―베네치아 5척·제노바 5척·베네치아령 크레타 3척·안코아 1척·아라곤 1척·프랑스 1척―과 비잔틴 함선 10척 등 겨우 26척에 불과했고, 육군 또한 4,900여 명의 비잔틴 전사와 2,000여 명의 외국군 등을 합쳐 모두 7,000여 명 정도였다. 외국군 중에는 제노바 군이 700명가량 있었는데 많은 수는 아니었지만 오스만 군이 콘스탄티노플을 포위·공격하기 직전에 도착해, 수도 방어에 진력하던 시민들의 사기를 조금이나마 북돋아 주었다.

이처럼 압도적으로 우세한 대군을 동원한 메흐메드 2세의 튀르크-이슬람 군은 1453년 4월 초에 콘스탄티노플을 수륙 양면으로 포위했다. 이미 아시아 성은 물론 유럽 성을 건설 해 보스포루스 해와 마르마라 해를 통제해온 오스만 제국은 보스포루스 해를 더욱 완전하게 봉쇄했다. 튀르크 군은 먼저 육지 쪽 성을 공격했다. 특히 취약하다고 판단되는 펨프톤 성문을 집중 공격했다. 오스만의 함대는 보스포루스 해 입구 쪽 해안에 초승달 모양의 진을 치고 콘스탄티노플로 들어가 는 군수품을 탈취하거나 물자의 운송을 막았다.

해상은 물론 주변 육지를 통제해 콘스탄티노플을 확실히 포위한 튀르크-이슬람 군은 대포를 동원해 콘스탄티노플 성 을 공격했으나 당장은 별다른 전과를 얻지 못했다. 튀르크-이슬람 군의 자랑이었던 대포는 헝가리 출신의 신비적 인물 오르반(Orban)—독일인이 만들었다는 설도 있다—이 만든 것으로 바실리카(Basilica)로 불렸다. 길이 8.2미터의 바실리 카는 272킬로그램의 돌덩이를 1.6킬로미터까지 날릴 수 있 는 매우 위력적인 무기였다. 대포를 투입했음에도 기대한 전 과를 올리지 못했지만, 메흐메드 2세는 콘스탄티노플 정복 을 포기할 수 없었다. 그래서 그는 기발하되 실로 놀라운 작 전을 폈다.

튀르크-이슬람 군의 콘스탄티노플 성 포위·공격전을 좀 더 자세히 살펴보기로 하자. 오스만 군은 4월 초에 보스포루스 해의 테라피아 요새와 마르마라 해 근처의 촌락 스투디우스를 장악했다. 그 과정에서 큰 저항은 없었다.

이어 아랍-이슬람이 콘스탄티노플을 공격하다 패한 후(718~719) 후퇴해 잠시 머문 적 있는 마르마라 해의 프린세스 제도도 손에 넣었다. 때맞춰 튀르크-이슬람의 거대한 대포가 공격에 가담해 콘스탄티노플 성을 함께 공격했다. 하지만 명중률이 낮은 데다 장전이 느린 탓에 발사 간격이 길어 비잔틴 수비군에게 훼손된 성을 보수할 시간적 여유를 주고 말았다.

발토그루(Suleiman Baltoghlu) 휘하의 튀르크-이슬람 전함들도 금각만 일대를 공격했다. 하지만 비잔틴 측이 미리 설치해둔 차단 쇠사슬 때문에 쉽게 금각만 안으로 진입할 수 없었다. 비잔틴 제국은 그때 콘스탄티노플의 내항인 금각만을 요란한 소리가 나는 금속 체인으로 막은 뒤, 동원 가능한 전함(26~28척)을 모두 투입해 콘스탄티노플의 운명이 걸린 금각만을 사수하려 했다. 튀르크 군은 금각만에 진입하려 했으나 4월 20일 금각만 해전에서 비잔틴 함대에 패해 결국 금각만을 열지 못했다.

대함대를 동원하고 대구경 대포까지 투입했지만 콘스탄티노플 포위·공격에서 만족할 만한 전과를 거두지 못해 노심초사하던 메흐메드 2세는 위에서 언급한 대로 새로운 전략을 짰다. 금속 체인 때문에 진입 불가능한 금각만 입구를 공략하는 대신 금각만 북쪽의 보스포루스 해협, 즉 제노바 통제 아래 있던 갈라타에서 작은 전선들을 육지로 끌어올려 반대편인 남쪽의 금각만 내부로 들어가게 하려는 우회작전 이었다. 메흐메드는 1.6킬로미터에 달하는 갈라타와 금각만 사이의 언덕에 통나무 레일을 깔게 했다. 소형이지만 무거운 갤리선을 육지로 끌어올린 다음, 반대편 금각만 안으로 옮기 려면 특단의 조처가 필요했던 것이다.

그는 4월 22일 경마용 말들을 이용하여 소형 갤리선들을 육지로 끌어올리게 했다. 말하자면 배가 산으로 올라간 것이 다. 갈라타 부근에 집결한 80여 척의 오스만 전선은 뭍으로 올라온 다음 통나무 레일을 타고 갈라타와 금각만 사이를 지 나 금각만 내부로 들어갔다.

참으로 대담하고도 기발한 전략이었다. 비잔틴 제국이 전 력을 다해 금각만 입구에 설치한 금속 체인은 무용지물이 되었고, 금각만을 지키기 위해 배치했던 비잔틴 전선들도 별 다른 구실을 할 수 없게 됐다. 오랜 세월이 흐른 뒤의 일이지 만 이 작전은 프랑스가 제1차 세계대전의 전철을 밟지 않기 위해 자금과 과학기술을 총동원해 프랑스-독일 국경에 건 설했던(1927~1936) '마지노 선'이 히틀러의 벨기에 작전으로 무용지물이 된 것과 비교할 수 있다. 튀르크 전사들은 콘스

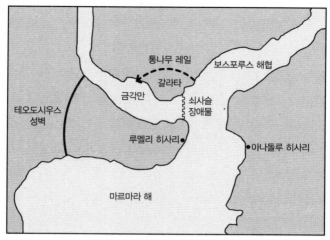

금각만 내부로 들어가는 우회작전 지형도

탄티노플 측이 쇠사슬 장애물과 함선들을 대거 동원해 힘들게 금각만에 구축했던 (쇠사슬-함선) 방어선을 비웃기나 하듯 금각만 안으로 유유히 쇄도했던 것이다.

통나무 레일을 이용해 전선을 금각만 내부로 운송하는 작전은 비잔틴 제국의 허를 완벽히 찌른 놀라운 작전이었다. 인내력이 요구되는 힘든 작전이었지만 메흐메드 2세는 그것으로 콘스탄티노플 함락 시기를 앞당길 수 있었다.

콘스탄티노플은 그야말로 바람 앞의 등불이었다. 비잔틴은 육지에서도 콘스탄티노플 성을 지켜야 했을 뿐만 아니라 이제 무방비 상태였던 금각만 안쪽까지 방어해야 했다. 비잔틴은 훨씬 길어진 방어선 때문에 그렇지 않아도 부족한 전사들을 분산시켜야만 했다. 튀르크-이슬람 군이 육지·바다 할 것 없이 모든 방향에서 쇄도한 뒤 콘스탄티노플 성의 이곳저곳을 공격하자 비잔틴 군은 큰 혼란에 빠졌다. 비잔틴 군과 함께 분전하던 제노바 군도 금각만이 적의 수중에 들어가면서 더 이상 바다로부터 보급품을 공급받을 수 없게 되었다.

비잔틴 제국은 4월 28일 밤 금각만 안으로 침투한 오스만 함선들을 화선(火船)으로 격파하려 했으나 실패했다. 공격을 예상하고 매복 중이던 적군에게 오히려 큰 손상을 입고 말았다. 700여 년 전 아랍-이슬람의 콘스탄티노플 포위·공격 때에 위력을 과시했던 것과는 달리 화선을 이용한 공격마저 무위로 돌아갔다.

그런 중에도 비잔틴 측은 콘스탄티노플 방어에 필수적인 금각만을 수호하기 위해 그렇지 않아도 부족한 수비군을 다수 투입해야 했다. 이에 따라 콘스탄티노플 성 여타 부분의 방어력이 크게 약화되었다. 비잔틴 제국은 전체 길이 약 20킬로미터의 콘스탄티노플 성 일부를 튀르크-이슬람이 침입하기 전에 보수했었지만 대규모의 공격을 막기에는 역부족이었다.

그렇게 튀르크-이슬람 군은 마침내 콘스탄티노플 성 일

부를 장악했다. 그런데 비잔틴 측은 4월 29일에 생포한 튀르크 군 260명을 성벽 위에 세우고 튀르크 군들이 지켜보는 가운데 참수했다. 이슬람 군의 사기를 꺾을 심산이었다. 성벽의 일부를 장악한 튀르크-이슬람 군은 이번엔 성벽 위에서 비잔틴 군을 공격하기도 했지만 손실만 입었을 뿐 큰 전과를 올리지 못했다.

집요한 공격에도 콘스탄티노플 성이 좀체 무너지지 않자 오스만 측은 5월 중순부터 성벽 밑에 터널을 뚫기 시작했다. 터널 작업에 투입된 오스만 공병은 대부분 세르비아 국왕 노보(Novo Vordo)가 제공한 독일계 광부였다. 하지만 15일간의 터널 작업도 숱한 사상자만을 내었을 뿐이다. 비잔틴 측이 대응 터널을 뚫어 저항하는 등 5월 16일부터 25일까지 수차례에 걸쳐 오스만의 터널 작전을 방해했기 때문이다. 콘스탄티노플 측은 앞서도 언급한 바 있는 '그리스의 불'로 오스만 제국 함선들을 공격하기도 했다. 비록 700여 년 이전처럼 적에게 큰 타격을 주진 못했지만 말이다.

메흐메드 2세는 대담한 작전으로 금각만을 장악한 이후에도 포위·공격의 끝이 좀처럼 보이지 않자 화전(和戰) 양면 작전을 폈다. 그는 5월 21일 비잔틴 황제에게 사절을 보내 콘스탄티노플을 포기할 경우 포위를 풀 것이며, 황제와 시민이 재산을 갖고 떠날 수 있게 할 것이며, 도시에 남은 시민의 안전을 보장할 것이며, 나아가 황제를 펠로폰네소스의 통치자로 인정할 것이라고 제안했다.

콘스탄티노스 11세는 술탄에게 거액의 조공을 바치고 싸움에서 잃은 지역이 술탄의 땅이 되는 것은 수용할지언정, 콘스탄티노플은 절대로 포기하지 않으려 했다. 메흐메드는 콘스탄티노스 11세가 자신이 제의한 사실상의 항복 요구를 거절하자, 다음 날 로마노스 게이트를 비롯한 성벽을 다시 공격하는가 하면, 대포를 이용해 성안에 바위를 던져 넣기도 했다.

메흐메드 2세는 그 무렵 침공을 반대한 내부의 일부 세력을 제거하는 등 전열을 재정비한 후[22] 5월 26일부터 최후의 공격에 나섰다. 마침 베네치아가 급히 파견한 열두 척의 함선이 콘스탄티노플 가까이에 이르렀지만(27일), 여전히 비잔틴 측이 최후의 순간으로 내몰리는 상황이었다. 그처럼 튀르크-이슬람 군 최후의 공격이 임박한 상황에서 5월 28일 콘스탄티노플 시내에서는 대규모 예배 행진이 있었다. 저녁에는 성 소피아 성당에서—마지막이라 여겨진—처연한 미사가 행해졌다. 황제·그리스정교회·로마 교회의 고위 성직자, 그 외 고위 인사도 참석했다. 황제와 성직자, 그리고 그리스인과 라틴인 시민 모두가 이미 패전과 패전 후에 닥쳐올 사태를 각오하고 있었던 것이다.

메흐메드 2세의 튀르크-이슬람 군은 계획한 대로 5월 28일, 최후의 대규모 공격을 감행했다. 치열한 공방전 중에 콘스탄티노플 북서쪽 성 블라케마에가 튀르크 군의 대포 공격으로 크게 파괴되었다(그 성은 11세기에 지어진 이래 크게 보수한 적이 없어 비교적 허술했었다).

당시 한 그리스인이 말한 것처럼 결국은 대포가 모든 것을 결정했다. 사기가 오른 오스만 군은 무너진 블라케마에와 그 부근을 집중적으로 공격했다. 그것으로 끝이었다. 결국 튀르크-이슬람 군 무리가 콘스탄티노플 시내로 돌진했고, 그들은 콘스탄티노플 수비군을 밀어붙이며 마구 살육했다. 술탄의 친위대 예니체리 전사들이 합세해 전면에 나섰다.

예니체리를 비롯해 쏟아져 들어오는 튀르크-이슬람 군을 막아내기 위해 혈전을 벌이던 중 제노바 군 사령관 지우스티니아니(Giovanni Giustiniani)가 중상을 입었다. 그의 공백은 최후까지 수도를 사수하려고 분전하던 비잔틴 수비대에 심대한 타격을 주었다. 황제와 그의 전사들은 예니체리 등 적군에 맞서 끝까지 저항했지만 전세를 돌이킬 수는 없었다. 콘스탄티노플 성 여기저기가 뚫렸고 튀르크-이슬람 군은 큰 저항을 받지 않고 성안으로 난입할 수 있게 됐다. 오스만 제국의 깃발이 작은 성문인 케라오포르타 위에서 힘차게 펄럭거리기 시작했다. 콘스탄티노플은 패닉 상태에 빠졌고 방어선은 완전히 무너졌다.

메흐메드 2세는 콘스탄티노플을 함락시키고 점령함으로써 아랍-이슬람 이래 이슬람 세계의 역사적인 과업을 이루어냈다. 이제 비잔틴 제국은 멸망했다. 콘스탄티노플의 일부 시민은 베네치아와 제노바의 함선으로 피해 목숨을 건질 수 있었지만 대부분의 시민은 피살되거나 항복해 튀르크-무슬림의 노예가 되었다. 전성기에 100만명을 자랑하던 콘스탄티노플의 인구는 그 무렵 7만여 명에 불과했던 것으로 전해진다.

콘스탄티노스 11세 또한 콘스탄티노플의 함락과 함께 생을 마쳤다. 어떤 기록에 따르면 황제가 자주색 어의를 벗어던지고 비잔틴 전사들과 함께 거리에서 분전하다 결국 최후를 맞이했다고 한다. 곧 천년 제국의 황제로서 사직을 지키기 위해 장졸들과 함께 끝까지 싸우다 전사했다는 것이다.

하지만 또 다른 기록에 따르면 황제는 튀르크-이슬람 군이 콘스탄티노플의 산 로마노 성문을 파괴하는 순간 패전을 인정하고 목을 매 자살했다고도 한다. 콘스탄티노스 11세가 어떻게 생을 마감했던 간에 패배한 국가와 국민, 그리고 국가 지도자의 최후는 그처럼 참혹한 비극으로 이어지는 것이 상례 아닌가.

1453년 5월 30일. 오스만 제국의 무슬림 전사들이 무리지

어 콘스탄티노플 시내를 휩쓸었다. 콘스탄티노플은 튀르크
군의 전통적 관례대로 밤낮을 가리지 않는 3일간의 무자비
한 약탈과 학살의 아수라장으로 변했다. 그들은 궁궐은 물론
교회를 비롯한 다른 건물을 파괴하고 또 약탈했다. 젊은 정
복자 메흐메드 2세는 성 소피아 성당에 들어가 알라에게 감
사드린 후 성당의 제단을 파괴하게 했다. 부서진 성물(聖物)
조각들이 그의 발밑에 흩어졌다. 그는 폐허가 된 궁궐의 방
들을 지나치면서 "이제 거미가 황제의 궁정시녀가 되어 문
에 자신의 커튼을 치는구나. 올빼미가 이제 아프라시아브
(afrasiav) 전투장의 나팔수가 되었구나!"라는 페르시아의 시
를 중얼거렸다고 한다.

약탈 잔치가 끝난 후 메흐메드 2세는 비잔틴 유민(遺民: 나
라가 없어진 백성)의 생명을 보호하고 종교의 자유를 보장할
것을 약속했다. 그리고 바로 자신이 기독교 교회의 보호자라
선언하고는 그리스인 젠나디오스(Gennadios)를 총대주교로
임명했다. 그리스정교회는 오스만 제국 술탄을 어쩔 수 없이
비잔틴 황제의 계승자로 받아들였다. 총대주교는 술탄으로
부터 정교회 교도들에 대한 종교적 권위는 물론 민사적(civil)
권위도 부여받았다.

그리고 메흐메드 2세는 뒤이어 콘스탄티노플을 이스탄불
이라 명명하고 제국의 수도로 삼았다. 또한 메흐메드 2세는

스스로를 '로마의 카이사르'라 칭했다. 젠나디오스 총대주교는 그에게 황제라는 칭호를 끝까지 허용하지 않았지만, 그는 콘스탄티노플이 로마 제국의 땅일 뿐만 아니라 330년 이후 로마-비잔틴 제국의 수도였다는 점에 입각해 그렇게 주장한 것이다.

여기서 잠시 콘스탄티노플이 '이스탄불'로 바뀐 과정을 살펴보기로 하자. 튀르크-이슬람이 콘스탄티노플을 이스탄불로 고쳐 부른 데는 이슬람교나 튀르크 족의 전통이나 이슬람 역사와 관계있을 것 같지만 그렇지 않다.

13세기 이래 튀르크-무슬림은 콘스탄티노플을 'Istinpolin'이라 불렀다. 콘스탄티노플 시민이 시내에 들어갈 때 '시내에'라는 뜻으로 'eis ten polis(in the city)'라고 말했는데, 튀르크인에게는 'eis ten polis'가 'Istinpolin'으로 들렸기 때문이다. 그리고 그들이 콘스탄티노플을 장악한 후에는 이 도시를 이전부터 들어온 대로 'Istinpolin'이라 불렀고 이것이 세월이 흐르면서 'Istanbul(이스탄불)'로 정착되었다.

내성(413년 건설)·외성(447년 건설)·해자 등으로 구성된 성곽, 전차 경주장(히포드롬), 하기아 소피아(성 소피아 성당)·스투디우스의 성 요한 교회와 성 이레네 교회 같은 수려한 교회, 거대한 지하 저수조 등을 자랑했던 천년 제국의 수도 콘스탄티노플은 이스탄불로 불리며 이전까지와는 질적으로 전혀 다른 세계의 한가운데 있게 되었다. 그리고 기독교의 콘스탄티노플이 이슬람교의 이스탄불로 바뀐 것처럼 성 소피아 성당의 운명도 바뀌었다.

오스만 측은 다음 해에 성 소피아 성당을 개조해 모스크로 사용하기 시작했고, 지금은 박물관이 되어 있다. 콘스탄티노플 함락 후 오스만 제국의 발칸 반도 진출은 더욱 활발해졌고 튀르크-이슬람에 대한 서유럽 기독교 세계의 공포심은 더욱 커져갔다. 이러한 공포심은 16~17세기의 유럽 문학에도 자연스레 투영되었다.

모하치 전투와 빈 공격

1529년에 오스만 튀르크 제국의 술레이만 대제가 오스트리아의 빈을 함락시켰더라면 오늘날의 중북부 유럽은 과연 어떠했을까? 1453년에 콘스탄티노플을 함락해 비잔틴 제국을 멸망시켰던 오스만 제국은 이미 발칸 반도 대부분의 주인이 되었지만 그에 만족하지 않았다. 술레이만 1세는 제국의 강력한 국력, 그중에서도 군사력을 과시하면서 헝가리를 장악한 다음 1529년 오스트리아의 빈으로 진격했다.

하지만 술레이만 1세는 거대한 난관에 봉착했다. 쉽지는 않았지만 빈을 함락시키는 게 전혀 불가능한 일이 아니었는데도 그는 군사를 돌려 귀국했다. 오스트리아는 물론 유럽으로서는 말할 수 없이 다행한 일이었다. 만약 그가 빈에 대한 포위·공격을 풀지 않고 더 집요하게 공격했을 경우 오스트리아와 중부 유럽은 얼마나 참혹한 대가를 치러야했을까? 동·중부 유럽은 물론 유럽 기독교 세계 전체가 과연 온전할 수 있었을까?

오스만 튀르크 제국의 발칸 반도 진출과 모하치 전투

메흐메드 2세의 콘스탄티노플 정복 과정을 살펴본 앞 장에서 오스만 튀르크의 발칸 반도 진출에 대해 잠시 언급했지만, 발칸 반도는 술레이만 1세가 빈을 공격할 수 있게 한 교두보 역할을 했다. 그러므로 오스만 튀르크의 발칸 반도 진출 과정을 간략히 살펴보아야만 한다.

십자군전쟁 이후 약화되어 몽골 족에 예속돼버린 13세기 말경의 소아시아와 그 주변 지역은 튀르크 족 군소 부족들의 할거지가 되었다. 그중에서 마르마라 해로 진출할 수 있는 요충지 부르사 부근 수구트에 자리 잡은 오스만 튀르크 족은 오스만 1세 때 건국한 이후 점차 비잔틴 제국의 영역을 침탈해 들어갔다. 1326년에 부르사를 장악한 오스만 제국은, 1354년 갈리폴리를 점령해 발칸 반도에 교두보를 구축하는 데 성공했다. 그 무렵 발칸 반도 남부는 베네치아 령·비잔틴 제국·기타 소국들의 집합체였고 발칸 반도 북부의 세르비아는 정치적으로 분열해 있었으며, 불가리아 역시 1365년 이후 세 나라로 분열되는 등 발칸 반도는 14세기 중엽에 이르러 큰 혼란에 빠져 있었다.

갈리폴리를 점령해 발칸 반도에 교두보를 만든 오스만 튀르크는 1362년에 아드리아노플(에디르네)을 차지하고 1371년에 남세르비아를 꺾었으며, 이어 불가리아와 마케도니아로의 진출도 기도했다. 1386년에는 소피아와 니스를 함락시켜 발칸 반도의 중심부를 장악하기에 이르렀다.

오스만 튀르크는 거기서 그치지 않고 1389년에 코소보 전투에서 북세르비아를 패배시켰고 1393년에는 불가리아를 정복했다. 이어 세르비아를 손에 넣은 오스만 제국은 남쪽으로 방향을 돌려 비잔틴 제국의 수도 콘스탄티노플의 육로 접근을 차단했다. 그리고 헝가리가 서유럽의 도움을 받아 일으킨 기독교십자군을 1396년의 니코폴리스 전투에서 패퇴시키기도 했다.

오스만 제국은 15세기 초 중앙아시아에서 강력한 세력을 구축한 티무르에 패배해 술탄 바예지드 1세가 생포되는 위기를 겪었지만(앙카라 전, 1402), 티무르가 몰락한 뒤 재기했고 더불어 발칸 반도로 다시 진출하기 시작했다.

오스만 제국은 모레아·에피루스·알바니아·세르비아를

연이어 점령하는 등 1450년 이전에 소아시아와 발칸 반도의 대부분을 차지했다. 1444년에는 헝가리가 폴란드·세르비아·왈라키아(루마니아) 등의 지원을 받아 불가리아까지 세력을 뻗쳤지만 튀르크-이슬람이 보스포루스 해협을 건너 발칸 반도로 몰려오는 것을 막지는 못했다. 오스만은 헝가리가 주도한 기독교십자군을 1444년 11월에 바르나에서, 1448년에 코소보에서 무찔렀다. 그것을 끝으로 헝가리가 오스만 제국에 대해 공세다운 공세를 펼친 적은 없었다.

오스만 제국은 1453년에 콘스탄티노플을 정복해 비잔틴 제국을 멸망시킴으로써 동지중해 세계를 완전히 장악한 것은 물론 중동 지역과 북아프리카까지 영역을 넓힐 수 있게 되었다. 메흐메드 2세는 콘스탄티노플을 점령한 후에도 발칸 반도 정복을 멈추지 않았다. 세르비아는 1459년에, 알바니아는 1467년에, 왈라키아와 몰다비아는 1512년에 오스만 제국의 속국이 되었다. 베네치아는 1479년에 발칸 거점을 상실한 뒤에 공납금을 바쳐야 했다.

메흐메드 2세는 나아가 남러시아의 아조프와 크림 반도, 아시아의 아르메니아 등을 손에 넣었다. 메흐메드 2세 이후의 술탄들도 발칸 반도의 영역을 더 확장하는가 하면 시리아·페르시아·이집트 등지로 진출했다. 특히 셀림 1세 (Selim I, 1512~1520)는 1514년에 페르시아 군을 격파했고,

1516~1517년에 마메루크(Mamluke) 조[23] 이집트를 패배시키면서 카이로를 장악했다. 오스만 제국의 술탄은 이제 성지 메카와 메디나의 보호자가 되었고 그와 더불어 튀르크-무슬림이 이슬람 세계를 이끌어가게 되었다.

오스만 제국은 거기서 멈추지 않고 다뉴브 강을 넘어 유럽의 심장부로 향했다. 셀림 1세의 독자인 술레이만 1세는 그 무렵 오스트리아의 페르디난드 1세(Ferdinand I)가 북부 헝가리를 병합시키려 한다는 소식을 접했다. 그는 소아시아로부터 돌아와 대군을 동원해 헝가리로 향했다. 오스만 제국의 군대가 북으로 이동한다는 소식이 전해진 것은 1526년 초였다.

입법자로 불리는 술레이만 1세는 4월에 160문(혹은 300문)의 대포로 무장한 10만 명(혹은 5만 명)이 넘는 튀르크-이슬람 지상군을 거느리고 북진했다. 그의 선발대는 7월 말에 모든 저항을 일축하고 헝가리의 요새들을 장악했다. 헝가리·독일·폴란드·체코의 군대 외에도 소수의 트란실바니아 군과 크로아티아 군이 합세했으나 튀르크-이슬람 군은 다뉴브 강변의 요충지 모하치(Mohács; Mohatsch)까지 진격했다.

당시 헝가리·보헤미아를 지배하던 자기엘론(Jagiellon) 조의 국왕 라조스 2세(Lajos II, 1506~1526) 휘하 약 2만 명의 기독교십자군도 술레이만 군에 맞서 모하치 평원에 방어선을 구축했다. 헝가리·보헤미아의 자기엘론 조는 라조스 2세가 신성 로마 제국 카를 5세(Karl V)의 누이와 결혼을 함과 동시에 등장했다. 오스만 군은 헝가리 군을 내려다 볼 수 있는 구릉지대를 선점했다. 헝가리 군의 유일한 이점은 적군이 더운 여름에 행군하느라 크게 지친 데 반해, 병사들이 충분한 휴식을 취할 수 있었다는 점이다. 당시 라조스의 헝가리 군 진영은 기병과 포병, 용병인 보병이 제1선을 맡고 모병한 보병·기병의 혼성부대가 제2선에 배치되었다.

오스만 제국은 헝가리 군의 사기를 꺾기에 충분할 만큼의 대군을 모하치의 늪지로 진군시켰다. 헝가리 군이 기선을 제압하기 위해 튀르크-이슬람 군 선발대를 공격했지만 수적 열세를 비롯한 취약점이 곧바로 드러났다. 전투는 오후 1시경에 시작되었지만 헝가리 군은 곧 힘없이 무너져갔다.

모하치 전투는 결국 두세 시간의 싸움으로 승패가 갈렸다. 튀르크-이슬람 군은 적을 물리친 후에도 음식과 물은 물론 지친 몸을 쉴 곳도 없는 상태에서, 그리고 비가 내리는 상태에서도 물러서지 않고 진지를 지켰다. 패색이 짙어지자 라조스 2세는 해질 무렵 전선을 이탈해 도주했다.

헝가리 군은 국왕 라조스 2세가 도주한 상태에서도 튀르크-이슬람 군에 저항했다. 하지만 오스만의 정예병 예니체리가 헝가리 군을 세차게 공격했다. 거기다 튀르크-이슬람의 기병들이 쇄도하고 머스킷 총이 불을 뿜었다. 더 이상 진지를 고수할 수 없게 된 헝가리 군은 저항을 포기하고 항복했다. 장교를 포함한 헝가리 군 1만 5,000여 명이 전사하고 다수가 생포되었다. 일부 병사는 도망쳐 생명을 건졌다. 헝가리의 고위 관리와 주교 등 시민들도 다수 목숨을 잃었다. 부상당한 후 전선을 이탈해 황급히 도주하던 라조스 2세는 첼레(Csele) 강변에서 낙마해 익사했다. 무거운 갑주가 그의 익사에 한몫을 했다. 오랫동안 동·중부 유럽 역사에 중요한 영향을 미친 1526년 8월 29일의 모하치 전투는 그렇게 끝이 났다.

모하치 전투에서 완승한 술레이만 1세는 다시 부다까지 진격했다. 번영하던 대도시 부다의 시민들은 모두 도피하고 유대인만 남아 있었다. 오스만 군은 텅 빈 도시 부다를 약탈하고 파괴했다. 술탄은 부다에서 알라에 감사예배를 드린 후 많은 전리품을 이스탄불로 실어 보냈다. 그중에는 헝가리가 자랑하던 두 개의 거대한 청동 촛대와 귀중한 도서들도 포함되어 있었다. 하지만 오스만 제국이 부다를 완전히 장악한 것은 모하치 전투 이후인 1541년이었다.

모하치 전투 이후 술레이만의 오스만 제국이 본격적으로 헝가리에 진출하면서 헝가리는 오스만-합스부르크-트란실바니아-헝가리로 분할되었다. 즉 모하치에서 헝가리를 꺾은 오스만 제국이 남(南)헝가리를 통제했고, 오스만에 저항하던 오스트리아 대공 페르난드 1세―훗날 독일 황제가 되었다― 가 서(西)헝가리를 차지했으며, 동북 헝가리인 트란실바니아는 페르디난드 1세에 대항해 왕권에 도전한 자폴랴(J. Zāpolya)가 통제했던 것이다. 라조스 2세 누이의 남편이며 합스부르크 가 카를 5세의 동생인 페르디난드는 자신이 헝가리의 왕권을 보유한다고 주장했지만 헝가리의 서부 지역만을 지배했을 뿐이다. 반면 술레이만 1세는 자신의 봉신(封臣)이 되기로 한 자폴랴를 지지했고, 그가 헝가리 왕권을 보유하도록 했다.

페르디난드 1세는 모하치 전투 후 2개월여 만인 1526년 10월에 포즈소니(브라티스라바)에서 국민회의를 열고 라조스 2세 누이의 남편이라는 사실을 내세워 헝가리의 왕이 되었다. 이후 그는 헝가리에 대한 지배권을 확대하려고 노력하는 한편, 훗날 페스트와 통합돼 헝가리의 수도가 되는 부다를 점령했다. 하지만 그는 왕좌를 오래 지키지 못했다. 술레이만 1세가 그것을 용납하지 않았기 때문이다. 페르디난드 1세는 1527~1528년의 전투에서 자폴랴를 패퇴시켰지만, 오스만 제국은 결국 헝가리 중부를 완전히 통제할 수 있게 되었다.

술레이만 대제의 빈 공격

오스만 제국이 모하치를 장악하고 헝가리의 대부분을 통제하자 튀르크 족에 대한 유럽 기독교 세계의 공포는 더욱 커졌다. 하지만 그것이 끝이 아니었다. 술레이만 1세는 1529년 봄에 자국 지배 아래 있던 불가리아에 대군을 집결시켰다.

술레이만 1세의 튀르크-이슬람 전사들은 1529년에 결국 오스트리아 빈을 향해 진격했다. 모하치까지 달려가 술레이만을 맞이한 오스만 제국의 꼭두각시이자 헝가리 국왕인 자폴랴는 왕위를 상징하는 보관(寶冠)을 그에게 증정했다. 불가리아에 튀르크-이슬람 군이 집결하자 오스트리아의 페르디난드와 신성 로마 제국은 크나큰 위협을 느꼈다.

역사가들은 술레이만 1세가 빈 공격에 동원한 군대의 규모를 적게는 12만 명에서 많게는 30만 명으로 추산한다. 경기병 시파히와 술탄 친위대 예니체리 보병이 주력군이었다. 일부 역사가는 오스만 군을 30만 명으로 늘려 잡은 것이 오스트리아가 소수의 전사로 빈을 수비한 사실을 강조하기 위한 것이었다고 말하기도 한다. 그 밖에 헝가리 출신 기독교도 병사, 세르비아와 크로아티아의 병사도 포함되어 있었다.

술레이만 1세는 본격적 공격에 앞서 1529년 4월에 그리스 노예 출신의 이브라힘 파샤(Ibrahim Pasha)를 사령관, 특히 술탄의 이름으로 명령을 내릴 수 있는 사령관(serasker)으로 임명했다.

불가리아에 집결한 튀르크-이슬람 군은 5월 10일 빈을 향해 진군했다. 하지만 술레이만의 전사들은 처음부터 적지 않은 장애에 부딪쳤다. 남·동부 유럽의 풍토적 특징인 봄비가 그들의 행군을 방해한 것이다. 그해 봄과 여름에는 특히 더 많은 비가 내렸다고 한다. 불가리아 전역을 홍수에 빠뜨릴 정도였던 봄비는 튀르크-이슬람의 전사들에게는 물론 무기와 여타의 군수품 수송에도 적지 않은 손실을 입혔다. 튀르크-이슬람 군은 진흙탕에 빠진 무거운 대구경 대포들을 부득이 뒤에 남겨두어야 했는가 하면, 중요한 수송수단이었던 낙타도 다수 잃고 말았다.

튀르크-이슬람 군은 빗속에서도 느리지만 계속적으로 행군했다. 그리고 이미 1526년 8월에 점령한 크로아티아의 요충지 오시젝을 지나 8월 18일 모하치 평원에 도착했다. 앞에서 이야기했지만 모하치까지 달려와 술레이만을 출영했던 자폴랴의 기병대가 합세해 오스만 제국의 군세는 더욱 강화됐다. 자폴랴는 술레이만이 그 이전에 오스트리아에 빼앗긴 여러 요새들을 되찾아준 적이 있다. 덕분에 튀르크-이슬람 군은 거의 무저항 상태에서 모하치 평원에 도착할 수 있었다. 다뉴브 강을 따라 올라가던 튀르크-이슬람 측 함선이 포즈소니에서 한때 대포 공격을 받았는데, 그것이 그때까지 튀르크-이슬람 군이 받은 유일한 저항이었다. 중·동부 유럽의 기후가 그들을 환영하지 않았지만 서쪽으로 진군하던 튀르크-이슬람 군은 부다를 경유하여 1529년 9월에 빈의 성벽이 멀지 않은 다뉴브 강 운하 맞은편에 본영을 설치하고 빈을 포위했다.

한편 오스만 제국의 대군이 빈을 향해 진군해 오자 보헤미아에 머물던 오스트리아 대공 페르디난드 1세는 카를 5세에게 원조를 요청했다. 하지만 1521년부터 북(北)이탈리아를 놓고 프랑스와 벌인 전쟁에 전력을 소진한 카를 5세는 소수의 스페인 출신 용병만을 지원할 수 있었다. 오스트리아군도 결사항전의 각오를 다지며 전투에 대비했다. 특히 9월 초에 부다 수비대 학살 소식이 들려오면서, 빈 시민의 결사항전 결의는 더욱 불타올랐다.

강력한 적의 공격이 임박한 가운데 오스트리아는 빌헬름(Wilhelm von Roggendorf)을 사령관으로 임명하고 살름(Niklas Graf Salm)을 사령관 대리로 임명했다. 70세의 용병대장 살름—그는 1525년 파비아 전투에서 이름을 떨쳤다—은 독일계 용병인 창병과 스페인의 소총병을 이끌고 빈에 도착하자마자 곧바로 300년 역사의 낡은 성곽, 특히 성 스테판 성당

주위의 성곽을 보수했다. 스테판 성당 가까이에 그의 군대 지휘부가 있었다. 그는 또한 장기전에 대비해 네 개의 성문을 폐쇄했다. 그리고 성문 주변 성벽을 보수해 흙 보루를 세우고 성벽 내부의 흙 성벽도 보완했다.

튀르크-이슬람 군은 9월 말에 빈의 성벽 전면에 당도했다. 튀르크-이슬람 군은 여전히 강력한 군세를 자랑했지만 고난의 행군 중 적지 않은 손실을 입어 군세가 상당히 위축되어 있었다. 앞에서 지적했지만 우중의 행군으로 대포 같은 중장비 일부가 못쓰게 되었는가 하면 낙타 등의 수송수단도 넉넉하지 못했다. 설상가상으로 대부분의 전사들이 장기간의 험난한 행군으로 지쳐 있거나 건강이 악화된 상태였다. 경기병 시파히스마저 포위·공격에 적절치 못한 전투복을 착용한 상태였다. 사실 빈 성벽 앞에 당도한 오스만 군은 수적 위세에 비해 사기가 높고 무장이 잘 된 그런 군대는 아니었던 것으로 평가받고 있다.

휘하 군대의 상황을 고려하여 나온 결정인지는 알 수 없지만, 술레이만 1세는 밀사를 보내 협상을 제의했다. 그는 잘 차려입은 3인의 오스트리아인 죄수를 살름에게 보내 항복을 권유했다. 전의를 불태우던 살름 또한 좋은 옷을 입힌 3인의 무슬림을 술레이만 군진에 보냈다. 아무런 전언(傳言)도 없이 말이다. 역전의 노장 살름은 중부 유럽을 일대 위기로 몰아녕은 술레이만 군의 위세에 눌리지 않았던 것이다.

협상을 시도했지만 무위로 돌아가자 술레이만 1세는 300여 명의 기병과 다수의 대포로 빈 성곽을 공격했다. 하지만 그들의 대포는 비교적 튼튼하게 보수된 빈의 성곽에 그리 심각한 손상을 주지는 못했다. 튀르크-이슬람의 궁수들 또한 적에게 별로 위협적이지 못했다. 튀르크-이슬람 군은 여의치 않자 참호를 파고 성 밑에 터널을 뚫기 시작했다. 그러나 빈 수비군은 교묘하게 그들의 참호-터널 작업을 방해했다. 한때 튀르크-이슬람 군의 사령관 이브라힘이 터널 작업 방해 작전을 펴던 빈의 수비군에 사로잡힐 뻔하기도 했다. 튀르크-이슬람 군에 침투해 그들의 포탄 뇌관을 터뜨리는 등 교란작전에 참가했던 빈 수비군도 복귀 중에 적지 않은 손실을 입었다.

빈 측은 10월 6일 8,000여 명의 수비군을 동원해 튀르크-이슬람 군의 땅굴 작업 공병을 대대적으로 습격했다. 참호들이 파괴되어 황급히 퇴각하던 튀르크-이슬람 군은 서로 뒤엉켜 다수의 사상자를 냈다. 그리고 10월 11일엔 더 많은 비가 쏟아져 튀르크-이슬람 군의 공격을 방해했다. 계속해서 내리던 비는 특히 그들의 성벽 파괴 작업을 불가능하게 만들었다.

반면 튀르크-이슬람 군의 진영에선 물과 식품의 공급이

줄어들고 전상병(戰傷兵: 전쟁 중 부상을 입은 병사)과 탈영병이 속출했다. 성곽 포격이 기대하던 전과를 내지 못하는 중에 참호와 땅굴 작업마저 실패로 돌아가고 거기다 전상병과 탈영병이 속출하면서 튀르크-이슬람 군이 신속하게 승리할 가능성은 점차 멀어져갔다. 더욱이 튀르크-이슬람 군은 보급선이 길어진데다 군용 말과 낙타가 부족했기 때문에 군수품 수송 등에 큰 어려움을 겪어야 했다. 앞에서 지적한 대로 장기간의 고된 행군으로 이미 지치거나 건강을 잃은 장병이 많은 오스만 군의 캠프에는 부상 당하고, 병에 걸리고, 탈영하는 병사의 수가 점차 늘어났다. 심지어 정예병인 예니체리 병사들 사이에서도 전투 상황에 대한 불만의 소리가 나오기도 했다. 늦가을로 접어들면서 닥쳐오기 시작한 제3의 적, 추위 또한 튀르크-이슬람 군이 승리할 확률을 점차 떨어뜨리고 있었다.

별다른 선택지가 없던 술레이만 1세는 10월 12일 전시 고문회의를 소집했다. 고문회의에서는 대제의 뜻대로 최후의 일격을 결의했다. 초과급료 지불을 약속해 병사들을 달랜 후 다시 빈 성곽을 공격케 했다. 하지만 오스만 군 최후의 공격도 실패로 돌아갔다. 술레이만 대제 최후의 공격은 당장의 빈 함락을 겨냥한 것이 아니라, 후일을 위해 오스트리아에 가능한 한 큰 타격을 주어 힘을 약화시키려는 의도였던 것으로 역사가들은 분석한다. 다른 역사가들은 그것을 술레이만 1세의 '전부 아니면 포기'(all or nothing) 작전 가운데 하나인 것으로 평가한다.

오스트리아 군의 화승총과 장창이 튀르크-이슬람 군의 최후공격을 효율적으로 막아내자, 술레이만 1세는 군사를 돌려 퇴각하지 않을 수 없었다. 10월 14일 튀르크-이슬람 군의 캠프에서 들려오는 외마디 비명이 빈을 수비하던 전사들을 놀라게 했다. 퇴각을 준비하던 튀르크-이슬람 군에 참형당하던 빈 수비군의 비명이었다.

오스만-오스트리아의 빈 공방전은 열닷새 가까이 계속되었다. 하지만 그들이 기대한 전과를 거두지는 못하는 가운데, 가을에 접어들어 기온이 내려가고 보급선이 길어져 식량 등 군수품의 수송이 여의치 않아졌다. 술레이만 1세는 마지못해 전투를 중단시킬 수밖에 없었다. 튀르크-이슬람 군은 1530년 1월 15일에 약간의 전리품을 실은 낙타와 함께 철수했다.

사실 튀르크-이슬람 군의 퇴각은 재앙의 상황에서 이루어졌다. 포즈소니 부근에서는 퇴각하는 튀르크-이슬람 군이 빈 수비대에 공격받기도 했다. 튀르크-이슬람 군은 악천후 때문에 다량의 군수품과 대포 등 중무기를 포기하거나 상실했고 오스트리아 군 포로 일부도 도주했다. 반면 목숨을 걸

133

고 빈을 방어하던 전사와 시민은 기적과 같은 일에 종을 울리고 축포를 쏘며 환호했다. 항복 외에 다른 길이 없다고 생각했던 일부 인사들은 오스만 군이 퇴각하고 빈이 해방된 것을 기적이라고 표현했다.

술레이만 1세는 1532년에도 빈을 목표로 다뉴브 강의 한 지류를 따라 진격했으나 헝가리 측의 끈질긴 저항과 악천후로 인해 일부 지역만을 약탈하고는 발길을 돌려야 했다.

그 후에도 술레이만 1세의 군대는 발칸 반도 서북쪽으로 진격하는 등 빈 정복에 대한 열망을 버리지 않았다. 오스만 제국의 재침공을 피하기 위해 1530년에 휴전사절 24명을 이스탄불에 파견한 바 있던 합스부르크 황제 카를 5세도 그에 대항하여 제노바의 해군을 동원하는 등 한때 공세를 취했지만, 술레이만 1세가 휴전사절을 빈에 파견하면서 양측은 평화조약을 체결하게 됐다(1533). 하지만 그 조약으로 헝가리 국왕은 오스만 제국의 술탄을 아버지로, 또 재상을 형으로 예우해야 했으며 헝가리의 지배권을 승인받는 대가로 거액의 공납을 바쳐야 했다. 오스만 제국은 서부 헝가리에 대한 지배권을 인정해준 대가로 합스부르크 제국으로부터도 공납을 받았다.

빈 공방전은 침공한 측과 방어한 측 모두에게 큰 상처를 입혔다. 기병과 보병 등 수만 명의 병사들이 목숨을 잃거나 다쳤다. 뿐만 아니라 튀르크-이슬람의 빈 공격은 이후 150여 년간 오스만 제국과 유럽 제국의 군사적 긴장과 충돌로 이어졌다. 특히 1683년의 빈 전투는 오스만 제국과 유럽의 신성동맹 사이에 벌어진 튀르크 전쟁으로 이어졌다.

한편 빈 공격 실패는 술레이만 1세가 행하던 중부 유럽을 향한 영역 확대에 종지부를 찍게 했다. 논쟁의 여지가 있지만 일부 역사가들은 술레이만 대제가 빈 공격에 실패한 것이 오스만 제국이 침체되기 시작한 계기라고 평가하기도 한다. 그리고 독일 역사가 칸(Robert Adolf Kann)은 1529년의 오스트리아의 승리를 1683년에 독일-폴란드 연합군이 칼렌베르그에서 오스만 군을 꺾고 빈을 지킨 빈 전투의 승리보다 더 큰 의미를 갖는다고 평하고 있다.

사실 술레이만 1세는 빈 공격 실패 이후에도 지중해와 아프리카, 그리고 중동에서 승리를 구가하며 영역을 넓혀갔다. 빈 공격 이전인 1517년에 알제리를 손에 넣은 술레이만 1세는 1541년 카를 5세의 알제리 점령 시도를 무산시켰다. 그는 1538년 9월에 합스부르크 가가 주도한 유럽 연합 함대를 알바니아 해안에서 패퇴시켰다. 그리고 1561년에는 트리폴리 탈취를 기도한 스페인 함대를 드제르바에서 격파했다. 오스만 제국의 제해권은 레판토 해전(1571)이 벌어지기까지는 큰 위협을 받지 않았다. 술레이만 1세는 페르시아를 꺾고 동부 지역으로 영토를 넓히는 데도 성공했다. 1538년에는 오스만 제국의 함대가 수에즈에서 인도 서부의 디우까지 항해했다.

하지만 오스만 제국의 중·동부 유럽으로의 진출은 1529년의 빈 공격 실패 후 사실상 중단되었다. 명저 『역사의 연구』로 유명한 역사가 토인비(Arnold J. Toynbee)는 빈 포위·공격의 실패가 1세기 전부터 다뉴브 강 유역으로 물결치던 오스만 제국의 '정복 파도'를 중단시킨 것으로 평가했다. 하지만 오스만 제국이 콘스탄티노플을 함락시키기 전부터 활발하게 추진해왔던 중·동부 유럽 진출은 빈 공격 실패로 사실상 막을 내렸던 것이다. 그리고 이미 발칸 반도의 대부분을 튀르크-이슬람에 넘겨준 기독교 유럽 세계는 빈을 지킴으로써 다뉴브 강 이북에서 발생했을지도 모를 재앙을 막을 수 있었다.

레판토 해전과 오스만 제국의 허상

이슬람 세계는 무함마드의 이슬람 제국 건립 이래 수행한 대규모의 전쟁에서 패배할 때도 있었지만 승리를 구가한 적도 많았다. 십자군전쟁 때의 예루살렘 탈환전을 제외하면 우리가 살펴본 전쟁은 모두 이슬람 세계가 영역을 확장하기 위해 침략한 전쟁이었다. 그렇기 때문에 비록 이기지 못했을 경우에도 이슬람 세력이 존망의 위기로 내몰리는 어려운 상황을 겪지는 않았다.

마지막으로 살펴보는 레판토 해전은 이전의 전쟁들과는 달리 이슬람 세계가 먼저 도전한 전쟁이 아니었고, 패배한 이슬람 세계로 하여금 꽤 오랜 세월 동안 상당한 어려움에 처하게 만들었던 전쟁이다.

오스만 제국의 지중해 세력 확장과
서구 가톨릭 세계의 신성동맹

발칸 반도의 대부분을 장악한데다 지중해에서도 승승장
구하던 오스만 튀르크 제국은 셀림 2세(Selim II, 1566~1574)
치세 중 심각한 위기에 처했다. 유럽 기독교 세계의 신성동
맹과 벌인 레판토 해전에서 오스만 제국이 크게 패했기 때
문이다. 앞 장에서 살펴보았지만 오스만의 술레이만 1세는
빈 공격에 실패한 이후에도 중동과 지중해로의 진출을 멈추
지 않았다.

1529년에 북아프리카의 알제리를 점령한 술레이만은 합
스부르크 가가 주도한 유럽 연합 함대를 1538년 9월에 알바
니아 해안에서 패퇴시켰다. 오스만 제국의 함대는 그해에 수
에즈에서 인도 서부의 디우까지 항해했다. 그리고 1561년에
는 트리폴리 탈취를 기도한 스페인 함대를 드제르바에서 격
파했다. 오스만 제국의 제해권은 그로부터 1571년 레판토
해전이 벌어지기까지 큰 위협이나 도전을 받은 적이 없다.

그처럼 술레이만 1세 시대의 투르크-이슬람 해군은 동지
중해는 물론 서지중해와 대서양 연안까지 진출할 정도로 강

력한 군세를 자랑했다. 그러나 레판토 해전이 일어날 무렵의 투르크-이슬람의 해군력은 미흡한 점이 많았던 것으로 평가된다. 오스만 제국의 수상 루트피 파샤(Lutfi Pasha)는 그 무렵 자국의 부족한 해군력을 우려했다. 그는 "전(前) 시대의 대술탄 시절에는 땅을 통치한 사람은 많았지만 바다를 통치한 사람은 거의 없었다. 해전에서 이교도들은 우리보다 우수하다. 우리는 그들을 극복해야 한다"고 말했다 한다. 하지만 오스만 제국은 해군력에서의 한계를 제대로 보완하지 못했고, 결국 기독교 신성동맹군에게 참패했다.

술레이만 1세의 시대를 전후해 지중해에서 강력한 해군력을 과시하던 오스만 제국의 셀림 2세는 키프로스를 자국에 넘겨줄 것을 베네치아에 요구했다. 하지만 베네치아가 요구를 거절하자 셀림은 무스타파 파샤(Mustafa Pasha) 휘하의 군대를 동원해 1570년 6월에 키프로스를 공격했다.

자국의 전통적인 동지중해 교역 거점을 상실할 위기에 처한 베네치아는 교황 피우스 5세(Pius V)에게 대오스만 투르크 십자군을 제의했다. 1566년 이래 오스만에 대항할 가톨릭동맹 결성을 위해 노력해온 피우스 5세는 기회를 놓치지 않고 동맹 결성을 서둘렀다. 그러나 프랑스는 위그노 전쟁으로 무정부 상태에 있었고, 필리페 2세(Philippe II)의 스페인 또한 이베리아 반도의 안달루시아와 네덜란드에서 발생한 반란 때문에 교황의 제의에 선뜻 응할 수 있는 형편이 못되었다. 더욱이 베네치아는 남이탈리아에서 우월권을 행사해 온 스페인을 매우 혐오했으므로 그들에게 협력하려 하지 않았다.

피우스 5세는 베네치아와 이탈리아의 소도시국가들은 물론 스페인도 끌어들이기로 했지만 동맹의 결성은 자꾸만 지연되었다. 알제리와 튀니지를 병합하려 한 스페인은 베네치아가 주력군을 제공하되 자국의 해군사령관 안드레아 도리아(Andrea Doria)가 연합함대의 사령관이 되어야 한다는 조건 하에 동맹에 참여하겠다고 했다. 베네치아는 스페인의 제안을 거부했다. 그들은 사령관과 부사령관 선임 문제 외에도 동맹군의 전략목표, 경비분담, 승리한 후 얻게 될 보상 등의 문제에서도 이견을 드러냈다. 하지만 교황청·스페인·베네치아는 1571년 5월 25일에 신성동맹을 맺는 데 극적으로 성공했다.

그 무렵 160척의 갤리선을 동원한 오스만 제국이 상륙작전을 편 지 3개월여 만에 키프로스의 수도 니코시아를 함락시켰다. 그리하여 베네치아가 100여 년 가까이 속령으로 통제하면서 동지중해 무역의 거점으로 삼아온 키프로스는 파마구스타만을 남기고 오스만 제국의 손으로 넘어갔다. 튀르크-이슬람 군은 거기서 멈추지 않고 파마구스타를 포위하는가 하면 베네치아가 오랫동안 자국의 내해(內海)로 삼아온 아드리아 해에도 출몰했다. 아드리아 해, 곧 자국의 앞바다 마저 위협받은 베네치아는 국가의 존망을 걸고라도 키프로스를 되찾아야 했다. 그리고 스페인의 필리페 2세는 알제리와 튀니지 병합의 꿈을 포기할 수 없었다. 오스만 제국이 지중해에서 벌이는 도전이 점차 도를 더해가는 상황에서 서유럽 지중해의 해양국가들을 더 이상 머뭇거릴 수 없는 상황으로 만들어놓은 것이다.

드디어 1571년 5월 25일에 가톨릭교 해양국가들인 교황청 · 베네치아 · 스페인은 방어-공격동맹인 신성동맹을 결성했다. 그리고 필리페 2세의 의붓동생인 오스트리아의 돈 존(Don John)을 동맹군 사령관으로 삼고 교황청의 콜로나(M. Colona)를 부사령관으로 삼았다. 전략목표 또한 동지중해 · 서지중해 가릴 것 없이 오스만 해군과 부딪치는 곳에서 그 즉시 싸우는 것이라는 데 합의했다. 그리고 갤리선 선단의 구성 문제도 해결되었는데 교황 측이 23척, 스페인 측이 75척, 베네치아 측이 110척을 출진시키기로 합의했다.

앞에서도 이야기했지만 베네치아를 비롯해 모두 지중해의 가톨릭교 해양국가인 나라들은 오스만 제국의 해군이 지중해에서 강화시켜나간 강력한 힘으로 인해 심대한 위협을 받고 있었다. 그렇기 때문에 그들은 결국 많은 난제들을 극복하고 극적인 합의에 도달할 수 있었던 것이다.

신성동맹 함대와 오스만-이집트 함대의 대해전

오스만 제국의 함대는 그 무렵 4개월 여의 공격 끝에 키프
로스의 파마구스타를 함락시킨 후 서부 그리스 코린트 만의
레판토 해 부근인 파트라스(Patras)에 집결해 있었다. 1571년
8월 24일 시칠리아의 메시나에 집결해 있던 신성동맹의 함
대는 파마구스타의 함락 소식을 듣고 아드리아 해 입구의
코르푸에 기착했다. 그러고는 10월 7일 코린트 만 북쪽의 레
판토 해를 향해 출항했다. 그리하여 오스만 튀르크 제국과
기독교 신성동맹은 지중해 역사상 최대의 해전이자 노 추진
전선(戰船)인 갤리선이 동원된 최후·최대의 해전을 벌이게
되었던 것이다.

오스만 제국과 신성동맹 모두 대규모의 함대를 동원했
다. 먼저 오스만 제국이 출전시킨 함대와 해군의 규모를 살
펴보기로 하자. 총사령관 알리 파샤(Ali Pasha) 휘하의 튀르
크-이슬람 군은 주력 전함인 190척(혹은 230척)의 갤리선 외
에도 84척의 소형 갤리선과 약간의 소규모 전선들을 동원했
다. 알렉산드리아 해적 출신인 출룩 베이(Chuluc Bey, 무함마드
사울라크Muhammad Saulak로도 불림)와 울룩 알리(Uluch Ali)의

도움을 받은 알리 파샤가 지휘한 함대에 승선한 해군은 3만 4,000여 명에 달했다. 알리 파샤는 신성동맹 측보다 더 많은 수군을 승선시켰던 것 같다.

오스만 측 함대는 숙련 선원 1,300여 명을 동원했는데 그들은 주로 베르베르·그리스·시리아·이집트 출신자들이었다. 하지만 오스만의 갤리선 노잡이들은 포로가 되거나 돈 때문에 노예가 된 기독교도들이 대부분이었다. 오스만 측 해군은 대체로 실전 경험이 많은 정예병이었지만 무기 등에서 술탄의 친위대였던 예니체리의 그것에는 미치지 못했던 것으로 평가된다. 거기다 3만 7,000여 명에 달하는 노잡이 대부분이 노예 출신, 그것도 기독교도 노예였다는 점도 한계점이 될 수 있었다. 그처럼 미흡한 점이 없지 않았지만 오스만 제국의 대규모 함대를 거느린 알리 파샤는 신성동맹 측 함대를 겨냥하고 태풍 시르코코(sirococo)를 옆으로 비켜 가면서 서남쪽으로 항진했다.

오스트리아의 존에게 총사령관직을 맡긴 가톨릭교 신성동맹 측은 246척(혹은 230척)의 갤리선과 6척의 갈레아스 선을 동원했다. 갈레아스 선은 갤리선과 마찬가지로 노예나 죄수들을 노잡이로 동원한 돛배였지만, 갤리선과 달리 3개의 돛을 단 '세대박이' 군함으로 보통 20문의 대포가 탑재되었다.

베네치아는 당초 약속보다 몇 척이 더 많은 109척의 갤리선과 6척의 갈레아스 선을 출전시켰다. 스페인은 14척을 동원했지만 그 속령들인 나폴리 왕국이 32척, 시칠리아 왕국이 10척을 출전시켜 모두 56척의 전선을 동원한 셈이 되었다. 그 밖에 제노바와 교황청이 각각 갤리선 27척과 7척, 투스카나가 3척의 갈레아스 선, 사보이와 말타 기사단이 갈레아스 선 3척을 출진시켰다.

신성동맹 측 함대에는 오스만 해군의 수에 약간 못 미치는 2만 8,000여 명의 해군과 보병이 승선했다. 가장 많은 함대를 출전시킨 베네치아는 5,000명의 수군을 동원했다. 스페인의 정예보병 1만여 명도 전함에 승선했다. 신성동맹 측의 전사 중에는 7,000여 명의 독일-크로아티아 출신 용병과 이탈리아 출신 용병 5,000여 명이 포함되어 있었는데, 스페인이 용병에 지불할 자금을 제공했다.

신성동맹의 주력군 역할을 한 베네치아 함선들이 7월과 8월에 시칠리아의 메시나에 집결했고―베니에로(Sebastiano Veniero)가 지휘했다―여타 신성동맹 국가의 전함들도 속속 메시나에 집결했다. 총사령관 존은 8월 23일 메시나에 도착했다. 함선들의 집결이 완료되자 지체하지 않고 오스만 제국의 함대를 향해 동쪽으로 항진했다.

한편 신성동맹 측은 무기상으로는 오스만 군보다 유리했던 것으로 평가받는다. 신성동맹군은 오스만 군의 그것보다 성능이 앞선 대포를 포함한 총포로 무장했다. 거기다 동맹군 측은 1,815문의 대포를 보유한 데 반해 튀르크-이슬람 군이 보유한 대포는 750문 정도였고, 더욱이 탄약의 보급도 원활하지 못했던 것으로 알려져 있다. 그 밖에 함대에 승선한 스페인의 정예보병도 신성동맹 측에 큰 힘이 되었다.

오스만 제국과 신성동맹의 함선들은 결국 1571년 10월 7일 파트라스 만에서 조우해 치열한 싸움을 벌였다. 적의 함대가 시야에 들어오자 양측 지휘부는 서둘러 전선들을 전투 대형으로 배치했다. 양측의 전함들은 모형도에서 볼 수 있듯이 상대방의 전함들을 마주보며 대체로 남북으로 길게 늘어서 대치하는 진형을 취했다.

튀르크-이슬람 군 함대는 초승달에 가까운 모양의 진을 치고 있었는데, 총사령관 알리 파샤는 61척(혹은 94척)의 갤리선과 소갤리선 32척을 중앙에 포진시키고 기함 '술타나(sultana)' 호 위에서 중앙 전대(戰隊)와 오스만 함대 전체를 지휘했다. 알리 파샤의 우측에는 57척(혹은 53척)의 갤리선과 소형 전선 2척으로 이루어진 출룩 베이의 전대가 자리 잡았다. 그리고 알리 파샤의 좌측, 즉 남쪽에는 알제리의 울룩 알리가 63척(혹은 66척)의 갤리선과 30척의 소형 갤리선을 이끌고 적선들과 대치했다. 오스만 함대의 예비대는 중앙 전대 뒤에 포진했는데, 갤리선 8척·소형 갤리선 22척·가볍고 폭이 좁

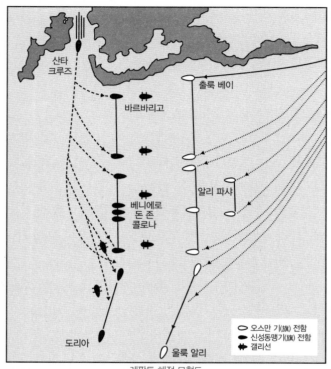

산타
크루즈

바르바리고

출룩 베이

베니에로
돈 존
콜로나

알리 파샤

○ 오스만 기(旗) 전함
● 신성동맹기(旗) 전함
✚ 갤리선

도리아

울룩 알리

레판토 해전 모형도

은 쾌속선(fusta) 64척으로 구성되어 있었다.

한편 신성동맹의 존도 함대를 4개 전대로 나누어 역시 초
승달 모양으로 진을 치고 적함과 대치했다. 기함 '레알(Real)'
에 승선한 존은 62척(혹은 61척)을 지휘해 동맹 측 전함들 가
운데에 포진했다. 베니에로와 콜로나도 그와 함께 지휘부

를 이루었다. 존의 왼쪽엔 베네치아의 바르바리고(Agostinno Barbarigo)가 지휘한 53척의 갤리선이 포진했고 그의 오른쪽엔 제노바의 도리아(Giovanni A. Doria)가 갤리선 53척을 이끌었다.

존은 스페인의 바장(Alvardo de Bazān)이 지휘한 네 번째 전단인 예비함대엔 갤리선 38척(혹은 35척)을 배치하되, 38척 중 중앙편대 뒤에 30척, 좌우편대 뒤에 각 4척씩을 포진시켰다. 그리고 당시로는 가공할 위력을 자랑한 대포 2문씩을 탑재한 갈레아스 선을 각 전대의 앞자리에 배치했다. 갈레아스 선을 그처럼 각 전단의 앞부분에 포진시킨 것은 적의 소규모 전선의 비밀스런 침투를 사전에 차단하기 위한 조처이기도 했다.

오스만 함대의 알리 파샤는 격전에 돌입하기 직전에 휘하 전선의 노잡이들, 곧 기독교도 노예들에게 반드시 책무를 다해달라고 독려했다. 그는 그때 "승전할 경우 너희에게 자유를 약속한다. 만약 너희의 날이 되면 신이 그것을 너희에게 준 것이리라"고 말했다. 반면 신성동맹군의 사령관 존은 휘하 장졸들에게 "겁쟁이에게 천국은 없다"고 말했다 한다.

양측 전함들 사이의 거리가 약 1.5킬로미터로 좁혀지자 신성동맹 측이 먼저 갈레아스 선을 투입하여 적함을 향해 대포를 발사했다. 이미 적 함선의 대포 공격을 경계하고 있었지만 오스만의 함대는 적지 않은 피해를 입었다. 오스만의 전선 두 척이 침몰했을 뿐만 아니라 함대의 대열도 크게 흐트러졌다.

반격에 나선 오스만 측의 울룩 알리가 도리아 휘하 함대의 측면을 위협하면서 그들을 대해로 유인했다. 도리아는 오스만의 전함들이 빠르게 접근하자 휘하 전선들의 측면이 공격받는 상황을 피하기 위해 전선들의 선수를 남쪽으로 돌렸다. 그리하여 도리아 휘하의 전대와 존 휘하 중앙 전대 사이의 틈이 넓어졌다. 신성동맹 측 두 함대 사이의 간격이 넓어진 것을 본 울룩 알리는 휘하 전선들의 기수를 북쪽으로 돌려 그 넓어진 틈 사이로 공격해 들어갔다. 그러자 울룩 알리의 함대가 존과 도리아의 함대에 포위되어 움직이는 형태가 되었다.

이윽고 울룩 알리와 도리아의 전선이 치열한 근접전에 돌입했다. 신성동맹 해군의 예비대를 지휘한 바장의 전선이 합세해 울룩 알리의 함대를 집중적으로 공격했다. 울룩 알리의 함대는 결국 패배했고 큰 손실을 입고 말았다.

한편 북쪽에서는 출룩 베이의 전함이 신성동맹군 좌편, 곧 베네치아 함대의 측면으로 진입하는 데 성공했다. 그러나 바르바리고 휘하의 베네치아 전함이 완강히 저항한데다 때맞추어 출진한 갈레아스 선의 포격 때문에 출룩 베이의 전함들이 뒤로 밀렸다. 베네치아 군 함대는 신성동맹군의 중앙 전대의 지원을 받아 적의 우익 함선들을 해안으로 밀어붙이는 데 성공했다. 튀르크-이슬람 군의 우익은 4시간여에 걸친 격렬한 전투에서 거의 전멸했다.

사령관이 승선한 기함을 필두로 양측 전단의 중앙에 포진한 전선들도 동일하게 사생결단의 싸움에 돌입했다. 술타나 호와 레알 호가 격렬한 전투를 벌이는 상황에서 스페인 전선의 수병들이 오스만 측의 갤리선에 뛰어 오르려 했다. 오스만 제국의 해군들이 그들을 두 차례에 걸쳐 퇴각시켰다. 전투가 격화되어가면서 어느 편 할 것 없이 크고 작은 손실을 입어 증원군이 필요한 상황에 처했다.

알리 파샤 휘하의 전선들은 전열을 정비한 존의 함대로부터 다시 강력한 공격을 받았다. 오스만 측엔 불행한 일이지만 바장의 지원을 받은 존은 세 번째 공격에서 알리 파샤 측을 대패시켰다. 중앙 전대 간의 전투에서 패한 오스만 제국 측은 기함 술타나 호도 동맹군 측에 넘겨주어야 했다. 오스만 군의 사령관 알리 파샤는 참수되어 머리가 신성동맹 해군의 한 창끝에 걸렸다. 존은 패장의 참수에 반대했지만 결국엔 전략상 동의해야만 했고 알리 파샤는 결국 참수되고 말았다.

오스만 제국의 전사들은 사령관의 죽음을 목격하고 큰 충격을 받았다. 사령관이 참수당하고 수많은 전선들이 침몰

하거나 나포되는 참담한 상황에 전의를 상실한 오스만 제
국 전사들은 4시경에 이르러 서둘러 퇴각했다. 울룩 알리 휘
하의 함대가 도리아의 함대를 패퇴시킨 후 말타의 칼티나
(Capitana) 호를 나포했지만 이미 기울어진 전세를 돌릴 수는
없었다. 그는 남은 60여 척의 갤리선과 24척의 소형 갤리선
을 이끌고 이스탄불을 향해 항진했다.

레판토에서 패한 오스만 제국은 인적·물적으로 크나큰
손실을 입었다. 전사하거나 부상당한 병사가 1만 5,000명
(혹은 2만 5,000명)에 달했고 3,500여 명의 병사는 포로로 잡
혔다. 전선도 갤리선 117척을 포함해 210척을 잃었는데, 그
중 130척은 신성동맹군에 나포되었다. 승리한 신성동맹 측
도 튀르크-이슬람 측에 비할 바는 아니었지만 상당한 손실
을 입어야 했다. 병사·선원·노잡이 등 모두 7,500(또는 1만
3,000~1만 5,000)여 명이 전사했고, 8,000여 명이 부상을 입었
다. 하지만 신성동맹군은 그만한 숫자의 기독교 노예(약 1만
5,000명)를 해방시켰다. 신성동맹 측도 12척(혹은 50여 척)의
갤리선을 잃었다.

신성동맹 측의 부상병 중에는 스페인 출신 세르반테스
(Miguel de Servante)도 있었다. 스물넷의 나이로 레판토 해전
에서 큰 공을 세운 세르반테스는 전쟁이 신성동맹 측의 완전
한 승리로 끝나자 이 해전을 두고 "과거나 현재의 사람들이

보았고 미래의 사람들도 보고 싶어 할지도 모를 가장 고귀한 순간"이라 말했다고 한다. 그러나 그는 전쟁 중에 가슴과 왼손에 부상을 입어 평생 왼손을 못 쓰게 되었으며 스페인으로 귀국하던 중 자칫 생명을 잃을 뻔했다. 귀국선이 난파하여 형 로드리고와 함께 노예로 팔려가게 되었으나 먼저 풀려난 형이 금화 500에스쿠도(esqudo)의 석방금을 지불해 감금 5년 만인 1580년에 그는 겨우 자유의 몸이 되었다. 그리하여 세르반테스는 훗날 명작『돈키호테』를 집필할 수 있었다.

울룩 알리는 신성동맹 측에 참패해 흩어진 오스만 제국의 전선들을 수습해 이스탄불로 귀환시켰다. 그는 나포한 말타의 캅티나 호 깃발을 술탄 셀림 2세에게 바쳤다. 셀림 2세는 패전 후 난파하거나 흐트러진 전선들을 수습해 돌아온 울룩 알리에게 '킬릭(kiliç: 검, sword)'이라는 명예 칭호를 주었고 이후 그는 킬릭 알리 파샤(Kiliç Ali Pasha)로 불리게 되었다.

레판토 해전은 오스만 제국으로 하여금 중대한 패배를 맛보게 했다. 15세기 이래 상황이 여의치 않아 포위를 풀거나 공격을 중단한 적은 있어도 전투에서 패한 적은 거의 없는 오스만 제국인데 말이다. 하지만 그들은 그 패배를 신의 뜻으로 받아들였다. 그들은 "술탄의 함대가 불신자의 함대를 맞이해 싸웠으나 신의 뜻은 달랐다"고 자위했다. 그리고 해상 군사력의 보강에 힘썼다.

오스만 제국은 베네치아의 갈레아스 선과 같은 대규모 전함들을 서둘러 건조하기 시작했다. 그리하여 레판토 해전에서 패배한 뒤 얼마 되지 않은 1572년에 150척의 갤리선과 8척의 갈레아스 선을 보유할 수 있었다. 그리고 지중해의 제해권에 재도전한 튀르크-이슬람 군은 베네치아로부터 키프로스를 빼앗은 다음 베네치아로부터 키프로스를 오스만 제국령으로 인정하게 했다(1573).

오스만 제국의 한 고관은 베네치아 사절에게 레판토에서 기독교도가 승리한 것은 오스만 제국에 지속적 타격을 주지 못한 반면, 키프로스의 탈취는 기독교 세계에 더 중대한 타격을 쳤다는 취지의 말을 했다. 이후 오스만 제국의 해군은 시칠리아 해안으로 진출하는 등 지중해에서 다시 그 힘을 과시하기 시작했다.

그럼에도 불구하고 레판토 해전은 가톨릭교 해양국가들이 지중해에서 오스만 제국이 세력을 확장해나가는 것을 상당 기간 차단한 해전이라 평가받는다. 레판토에서 거둔 대승은 유럽 기독교 세계로 하여금 일시적이나마 영원한 적 '튀르크 족 이슬람 사탄'의 완전한 멸망을 기대할 수 있게 했다. 유럽 기독교 세계는 아랍-이슬람과 튀르크-이슬람의 파상적 침략에 고통받아왔다. 십자군전쟁 이전부터 기회가 있을 때마다 십자군을 일으키려 했던 유럽 기독교 세계로서는 레

판토에서의 승리가 사실 모처럼 경험하는 값진 일이자 승리
감에 도취될 만한 일이었다.

서구의 일부 역사가들은 레판토 해전을 기원전 31년 악티
움 해전 이래 가장 결정적이었던 해전으로 평가한다. 그들은
신성동맹군이 패했을 경우 서유럽은 이슬람 세력에 의해 더
욱 황폐해졌을 것이라고 말한다. 사실 술레이만 1세에 의해
빈이 함락되었을 경우와 마찬가지로 그들이 레판토 해전에
패했을 경우 서유럽의 역사는 크게 달라졌을지도 모를 일이
다. 아랍-이슬람 세력은 1453년에 콘스탄티노플이 함락되
기 전부터 발칸 반도에 파도처럼 밀려들어가 종교·인종·문
화적 지형을 완전히 바꾸어버리지 않았는가.

나가며

오늘날 기독교계의 경우 유럽을 비롯해 곳곳에서 교세의
신장이 정지되거나 심지어 교세가 위축되어가는 경향이 있
는 것으로 전해지고 있다. 반면에 이슬람교는 비록 예언자
무함마드나 칼리프 시대에는 훨씬 못 미칠지라도, 여전히 교
세가 신장되어가고 있는 것으로 보인다. 사실 근래에 들어
와 유럽은 점증하는 북아프리카-이슬람계 이민의 숫자가 심
각한 사회적 문제로 대두되고 있다. 그만큼 이슬람교의 유럽
전파는 괄목할 만한 성과를 거두고 있는 실정이다. 특유의
강력한 전파력을 자랑하는 이슬람교는 우리나라에서도 서
서히 교세를 신장시켜가는 추세에 있다.

주지하듯이 이슬람계 근로자를 비롯해 무슬림(이슬람교도)이 점차 증가하고 있고―2015년 현재 한국인 무슬림은 3만~4만 명에 이르는 것으로 추산된다―더불어 이슬람교 사원(모스크)들도 조금씩 등장하고 있다. 중동 지역은 물론 북아프리카·중앙아시아·동남아시아 등으로 교세를 넓혀가던 무함마드 이래 이슬람 세계의 적극적·공격적 선교(宣敎)의 그림자는 이처럼 오늘날에도 기독교계를 포함한 여타의 종교계로 하여금 경계심을 풀지 못하게 만들고 있다. 이와 같은 현상은 유럽에서 기독교의 교세가 정체(停滯)되거나 위축되는 경향에 주목한 일부 전문가들로 하여금, 머지않은 장래에 이슬람교가 다른 종교의 교세를 심각하게 위협할 것으로 예측하도록 만든다.

무슬림들의 핵심적 신조인 "인 샤 알라", 곧 "신(알라)의 뜻대로"는 그들로 하여금 원리주의적, 극단적 행위를 서슴지 않게 한다. 유럽 사회는 르네상스·계몽사상의 전파·시민혁명 등을 거치면서 합리주의와 다원주의 등의 가치를 지속적으로 접해왔다. 그와 더불어 기독교계도 빛나는 과학적 성취를 제한적으로나마 수용해왔다. 하지만 일부 이슬람 세계는 무함마드와 칼리파 시대 이래 "인 샤 알라"에서 한 걸음도 벗어나지 않는 모습을 보여주었다.

몇 년 전에 한 이슬람교 국가에서는 대학 강의실에서 "무함마드의 부모는 무슬림이 아니었다"고 말한 한 교수를 불경죄로 체포한 후 처형했다. 무함마드의 부모는 그가 어릴 때 타계했고 따라서 당연히 그들은 무슬림이 아니었다. "인샤 알라"를 외치는 무슬림들은 언제 어디서나 "알라 외에 다른 신은 없고 무함마드는 알라의 사자이다"라고 고백한다. 알라에게 절대적으로 복종해야 하고 또 복종하는 것이다.

사실 오늘날 이슬람 세계가, 무함마드와 그의 후계자인 칼리파들이 7세기 초·중엽부터 근대에 이르기까지 줄기차고 적극적으로 전개했던 것처럼, 또다시 포교전쟁이나 정복전쟁에 나설 거라고 생각하는 사람은 아마 없을 것이다. 인류는 이미 그처럼 무력에 의존하는 포교나 영역 확장 기도(企圖)를 용납하지 않은 지 오래되었다.

하지만 수니파와 시아파 사이의 대립 같은 종파분쟁뿐만 아니라 다른 종교와 생긴 갈등·대립도 테러나 폭력으로 해결하려고 하는 시도가 지금도 일부 이슬람계 국가에서는 드물지 않게 일어나고 있다. 더욱이 '이슬람 국(Islam State)' 건설을 기도하는 과격 이슬람 세력은 "알라"의 이름을 걸고 무력침탈을 일삼는가 하면 자신들의 종교·정치적 목적을 달성하기 위해 무자비한 살생을 거리낌 없이 자행하는 등 비인간적이고 비윤리적 만행을 자랑스럽게 저지르고 있다.

이슬람교의 경전인 『코란』은 "알라를 위하여 당신을 적대

시하는 자들과 싸워라"(제2장 제190절)라고 지도하는가 하면, "그런 자들과 마주치면 어디서든지 싸워라"(제2장 제192절)하고 가르친다. 『코란』은 이 밖에도 여기저기에서 알라를 위해 이교도와 싸우고 배신자나 적대자와 싸우고, 신앙을 위해 싸우라고 교시한다. 나아가 알라를 위해서 믿는 자들을 모아 전쟁터로 향하라고 명한다. "인 샤 알라"적, 신앙 중심적 정교일치 체제의 이슬람 사회에서는 이른바 지하드 상태에 들어가면 모든 일반적 가치는 무시되며 사회적 규율 역시 의미를 상실한다고 하지 않는가.

비록 시아파 무슬림 같은 중동의 일부 무슬림들에게만 국한되는 이야기라고는 하지만, 이슬람 세계가 합리주의와 다원주의 등의 가치를 외면하고 "인 샤 알라"만을 내세울 경우 수니파-시아파 대립을 위시한 이슬람 사회 내의 종파분쟁은 좀처럼 끝나지 않을 것이다. 또한 비(非)이슬람 세계가 이슬람 세계에 대해 갖는 의구심과 불신 또한 쉽게 사라지지 않을 것이다.

주
---

1) 이 책은 튀르크 족 이슬람 세계나 여타 이슬람 세계와의 구별을 위해 아랍인 이슬람 세계를 '아랍-이슬람'이라 표기하기로 한다.
2) 역시 아랍-이슬람과 구별하기 위해 튀르크 족 이슬람 세계를 '튀르크-이슬람'이라 표기한다.
3) 운석으로 추정되는 직육면체의 흑석, 곧 카바(kaaba)가 안치돼 있는 신전으로, 순례철마다 이슬람 세계 곳곳에서 수백만 명의 순례자가 모여든다. 오늘날 이슬람교를 상징하고 대표하는 사원이다.
4) 예언자 무함마드의 후계자로 종교·정치계의 최고 지도자다.
5) 메로빙거 왕국의 고위 귀족으로 최고의 실권자다.
6) 튀르크 족의 종교·정치를 아우르는 최고 지배자의 명칭이다.
7) 유럽 기독교 세계는 사실 여러 차례 대(對)이슬람 십자군운동을 주창하거나 시도했다. 예컨대 비잔틴 제국의 니케포로스 2세와 요안네스 1세가 각각 964년과 975년에 십자군운동을 발의하려 했고, 교황 실베스테르 2세에 이어 그레고리우스 7세도 십자군운동을 발의하려 했다(1074).
8) 사실 그리스정교회 비잔틴 제국에는 콘스탄티노스 11세의 사례에서 볼 수 있듯이 '터번을 쓴 사람들'(아랍인)과 손을 잡을망정 서유럽 기독교 세계(가톨릭교)와 협력하지 않으려는 경향이 강했다.
9) 은자 피에르(Pierre)가 주도한 농민(민중)십자군은 오합지졸이었다. 소아시아에 상륙한 그들은 셀주크 튀르크에게 대패해 대부분이 전사하거나 포로가 되었다(1096).
10) 제2회 십자군운동 이후 북시리아와 이라크 지역을 장악한 셀주크 튀르크 족의 지도자. 그에 의해 이슬람 세계 통합의 토대가 마련되었고, 그의 아들 누레딘은 시리아·이라크·팔레스타인 지역을 통합한 후 1169년에는 이집트까지 손에 넣었다.
11) 대체로 1077년부터 1231년까지 처음에는 셀주크 족의 속방으로, 다음에는 독립국가로 중앙아시아와 이란 지방을 지배한 왕조다.
12) 호전적인 백인 노예전사들이 1250년 카이로에 세운 왕조로

1517년에 오스만 제국이 정복했다.

13) 아랍인 이슬람 교도를 의미한다. 이 책에서는 튀르크 족 이슬람 교도와 구별하기 위해 아랍인 이슬람 교도를 '아랍-무슬림'이라 표기하기로 한다.

14) 아랍계 이슬람권을 의미한다. 튀르크 족 이슬람권과 구별하기 위해 이 책에서는 '아랍-이슬람'이라 표기한다.

15) 예언자 무함마드의 이슬람 세계를 건설한 아랍인과 오스만 제국의 주인인 튀르크 족 무슬림을 의미한다.

16) 북아프리카의 알제리를 중심으로 강력한 해적세력을 구축한 후 (1529) 오스만 제국 영역에 편입시켰다.

17) 아랍계 이슬람과 무어 족 이슬람을 통칭하는 표현이다.

18) 메로빙거 조 프랑크 말기의 실권자로 현재의 프랑스를 중심으로 독일의 대부분과 이탈리아의 일부를 아우른 카롤링거 조 프랑크 왕국의 토대를 놓은 인물이다.

19) 통일되기 전의 프랑크 왕국은 아키텐(서남부), 아우스트라지아 (북부), 부르군드(중남부), 네우스트리아(중서부 지역) 등으로 분열돼 있었다.

20) 아랍-무슬림의 차별정책에 저항한 베르베르 족이 독자성을 주장하며 내건 기치. 평등을 지향하는 이바딘 무슬림이라고 자처했다.

21) 비잔틴 제국의 권력 투쟁이 낳은 궁중비사 일부를 소개한다. 헤라클로나스는 코가 잘린 후 축출됐고(641), 콘스탄스 2세는 목욕을 하다 피살됐으며(668), 콘스탄티누스 6세는 모후에 의해 눈을 잃은 채 죽었다(802). 미카엘 3세는 마구간 관리자에게 살해됐고(867), 로마노스 1세는 자식들에게 쫓겨났으며(911), 로마노스 3세는 황후에게 살해됐다(1034).

22) 당시 수상 칸다르리(Candarli Halil Pasha)를 비롯한 귀족 세력은 겉으로는 유럽이 십자군을 일으킬 우려가 있다며 반대했지만, 실제로는 승전 후 더 커질 예니체리의 위세를 우려해 콘스탄티노플 포위·공격을 반대했다. 칸다르리는 전쟁이 끝난 후 처형되었다.

23) 12번 각주를 참조할 것.

이슬람 전쟁사

펴낸날	초판 1쇄 2015년 10월 16일

지은이	진원숙
펴낸이	심만수
펴낸곳	(주)살림출판사
출판등록	1989년 11월 1일 제9-210호

주소	경기도 파주시 광인사길 30
전화	031-955-1350 팩스 031-624-1356
기획 · 편집	031-955-1365
홈페이지	http://www.sallimbooks.com
이메일	book@sallimbooks.com

ISBN	978-89-522-3215-1 04080

※ 값은 뒤표지에 있습니다.
※ 잘못 만들어진 책은 구입하신 서점에서 바꾸어 드립니다.

이 도서의 국립중앙도서관 출판시도서목록(CIP)은 서지정보유통지원시스템 홈페이지
(http://seoji.nl.go.kr)와 국가자료공동목록시스템(http://www.nl.go.kr/kolisnet)에서
이용하실 수 있습니다.(CIP제어번호: CIP2015023729)

책임편집 · 교정교열 홍성빈

085 책과 세계

강유원(철학자)

책이라는 텍스트는 본래 세계라는 맥락에서 생겨났다. 인류가 남긴 고전의 중요성은 바로 우리가 볼 수 없는 세계를 글자라는 매개를 통해서 우리에게 생생하게 전해 주는 것이다. 이 책은 역사라는 시간과 지상이라고 하는 공간 속에 나타났던 텍스트를 통해 고전에 담겨진 사회와 사상을 드러내려 한다.

056 중국의 고구려사 왜곡   eBook

최광식(고려대 한국사학과 교수)

중국의 고구려사 왜곡의 숨은 의도와 논리, 그리고 우리의 대응 방안을 다뤘다. 저자는 동북공정이 국가 차원에서 진행되는 정치적 프로젝트임을 치밀하게 증언한다. 경제적 목적과 영토 확장의 이해관계 등이 복잡하게 얽혀 있는 동북공정의 진정한 배경에 대한 설명, 고구려의 역사적 정체성에 대한 문제, 고구려사 왜곡에 대한 우리의 대처방법 등이 소개된다.

291 프랑스 혁명   eBook

서정복(충남대 사학과 교수)

프랑스 혁명은 시민혁명의 모델이자 근대 시민국가 탄생의 상징이지만, 그 실상을 아는 사람은 많지 않다. 프랑스 혁명이 바스티유 습격 이전에 이미 시작되었으며, 자유와 평등 그리고 공화정의 꽃을 피기 위해 너무 많은 피를 흘렸고, 혁명의 과정에서 해방과 공포가 엇갈리고 있었다는 등의 이야기를 통해 프랑스 혁명의 실상을 소개한다.

139 신용하 교수의 독도 이야기   eBook

신용하(백범학술원 원장)

사학계의 원로이자 독도 관련 연구의 대가인 신용하 교수가 일본의 독도 영토 편입문제를 걱정하며 일반 독자가 읽기 쉽게 쓴 책. 저자는 역사적으로나 국제법상으로 실효적 점유상으로나, 어느 측면에서 보아도 독도는 명백하게 우리 땅이라고 주장하며 여러 가지 역사적인 자료를 제시한다.

144 페르시아 문화

eBook

신규섭(한국외대 연구교수)

인류 최초 문명의 뿌리에서 뻗어 나와 아랍을 넘어 중국, 인도와 파키스탄, 심지어 그리스에까지 흔적을 남긴 페르시아 문화에 대한 개론서. 이 책은 오랫동안 베일에 가려 있던 페르시아 문명을 소개하여 이슬람에 대한 편견과 오해를 바로 잡는다. 이태백이 이란계였다는 사실, 돈황과 서역, 이란의 현대 문화 등이 서술된다.

086 유럽왕실의 탄생

김현수(단국대 역사학과 교수)

인류에게 '예술과 문명' 그리고 '근대와 국가'라는 개념을 선사한 유럽왕실. 유럽왕실의 탄생배경과 그 정체성은 무엇인가? 이 책은 게르만의 한 종족인 프랑크족과 메로빙거 왕조, 프랑스의 카페 왕조, 독일의 작센 왕조, 잉글랜드의 웨섹스 왕조 등 수많은 왕조의 출현과 쇠퇴를 통해 유럽 역사의 변천을 소개한다.

016 이슬람 문화

이희수(한양대 문화인류학과 교수)

이슬람교와 무슬림의 삶, 테러와 팔레스타인 문제 등 이슬람 문화 전반을 다룬 책. 저자는 그들의 멋과 가치관을 흥미롭게 설명하면서 한편으로 오해와 편견에 사로잡혀 있던 시각의 일대 전환을 요구한다. 이슬람교와 기독교의 관계, 무슬림의 삶과 낭만, 이슬람 원리주의와 지하드의 실상, 팔레스타인 분할 과정 등의 내용이 소개된다.

100 여행 이야기

eBook

이진홍(한국외대 강사)

이 책은 여행의 본질 위를 '길거리의 철학자'처럼 편안하게 소요한다. 먼저 여행의 역사를 더듬어 봄으로써 여행이 어떻게 인류 역사의 형성과 같이해 왔는지를 생각하고, 다음으로 여행의 사회학적·심리학적 의미를 추적함으로써 여행에 어떤 의미를 부여할 것인가에 대해 말한다. 또한 우리의 내면과 여행의 관계 정의를 시도한다.

293 문화대혁명 중국 현대사의 트라우마 eBook

최승욱(중앙대 사회학과 교수)

중국의 문화대혁명은 한두 줄의 정부 공식 입장을 통해 정리될 수 없는 중대한 사건이다. 20세기 중국의 모든 모순은 사실 문화대혁명 시기에 집약되어 있다고 해도 과언이 아니다. 사회주의 시기의 국가 · 당 · 대중의 모순이라는 문제의 복판에서 문화대혁명을 다시 읽을 필요가 있는 지금, 이 책은 문화대혁명에 대한 안내자가 될 것이다.

174 정치의 원형을 찾아서 eBook

최자영(부산외국어대학교 HK교수)

인류가 걸어온 모든 정치체제들을 매우 짧은 기간 동안 시험하고 정비한 나라, 그리스. 이 책은 과두정, 민주정, 참주정 등 고대 그리스의 정치사를 추적하고, 정치가들의 파란만장한 일화 등을 소개하고 있다. 특히 이 책의 저자는 아테네인들이 추구했던 정치방법이 오늘 우리 사회가 당면한 문제를 해결할 수 있는 지혜의 발견에 도움을 줄 수 있을 것이라고 말한다.

420 위대한 도서관 건축순례 eBook

최정태(부산대학교 명예교수)

이 책은 도서관의 건축을 중심으로 다룬 일종의 기행문이다. 고대 도서관에서부터 21세기에 완공된 최첨단 도서관까지, 필자는 가능한 많은 도서관을 직접 찾아보려고 애썼다. 미처 방문하지 못한 도서관에 대해서는 문헌과 그림 등 가능한 많은 정보를 수집하려 노력했다. 필자의 단상들을 함께 읽는 동안 우리 사회에서 도서관이 차지하는 의미에 대해 다시 생각하게 된다.

421 아름다운 도서관 오디세이 eBook

최정태(부산대학교 명예교수)

이 책은 문헌정보학과에서 자료 조직을 공부하고 평생을 도서관에 몸담았던 한 도서관 애찬가의 고백이다. 필자는 퇴임 후 지금까지 도서관을 돌아다니면서 직접 보고 배운 것이 40여 년 동안 강단과 현장에서 보고 얻은 이야기보다 훨씬 많았다고 말한다. '세계 도서관 여행 가이드'라 불러도 손색없을 만큼 풍부하고 다채로운 내용이 이 한 권에 담겼다.

eBook 표시가 되어있는 도서는 전자책으로 구매가 가능합니다.

(주)살림출판사
www.sallimbooks.com
주소 경기도 파주시 문발동 522-1 | 전화 031-955-1350 | 팩스 031-955-1355